围棋入段教程

weiqi ruduan jiaocheng

余宏 赵帆 编著

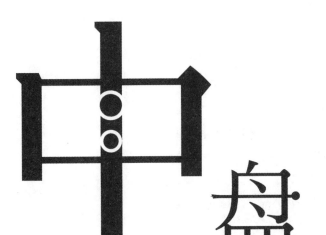

中盘

攻防的秘密

ZHONGPAN GONGFANG DE MIMI

清晰、高效的**进阶之路**

成都时代出版社
CHENGDU TIMES PRESS

图书在版编目（CIP）数据

围棋入段教程．中盘攻防的秘密 ／ 赵余宏，赵帆编著．-- 成都：成都时代出版社，2024.12

ISBN 978-7-5464-3373-8

Ⅰ．①围… Ⅱ．①赵… ②赵… Ⅲ．①围棋－教材 Ⅳ．① G891.3

中国国家版本馆 CIP 数据核字 (2024) 第 020968 号

围棋入段教程：中盘攻防的秘密

WEIQI RUDUAN JIAOCHENG:ZHONGPAN GONGFANG DE MIMI

赵余宏　赵　帆 编著

出 品 人　达　海
责任编辑　李　林
责任校对　樊思岐
责任印制　黄　鑫　曾译乐
装帧设计　成都九天众和

出版发行　成都时代出版社
电　　话　（028）86742352（编辑部）
　　　　　（028）86615250（营销发行）
印　　刷　成都蜀通印务有限责任公司
规　　格　185mm×260mm
印　　张　24.25
字　　数　388 千
版　　次　2024 年 12 月第 1 版
印　　次　2024 年 12 月第 1 次印刷
书　　号　ISBN 978-7-5464-3373-8
定　　价　60.00 元

前　言

一盘棋一般要经过序盘、中盘和终盘三个阶段。序盘指布局，中盘包括各种攻防，终盘则是收官。

什么时候开始进入中盘，当然没有固定的模式。在大场基本上走完，一局棋的框架基本形成时，布局结束，即进入中盘。中盘阶段，双方棋子频繁接触，存在攻击、防守、打入、腾挪等，这就是中盘的具体特征。

布局、中盘、收官虽各有奥妙，但对于大多数围棋爱好者来说，中盘战斗最为精彩、最有乐趣，也最难驾驭的。因为中盘战没有固定的模式，实在难以捉摸。确实，中盘战头绪繁多，变化复杂，是一局棋的关键所在，往往决定全局的胜负。正如人们常说："衡量一个棋手的水平高低，关键看他的中盘力量如何。"这虽有些夸张，但从中可以看出中盘的重要性。因此，提高中盘战斗力是提高棋艺水平的一个重要环节。

本书共分三大部分：第一章讲中盘攻击的急所；第二章讲中盘攻防的手筋；第三章讲中盘攻防的技巧。所选的图例都是实战对局形成的局面，讲解中列示正反两方面的图例，做了深入浅出、通俗易懂、耐人寻味的分析。

本书适合广大围棋爱好者及具有业余级、段位的棋手阅读。愿本书成为您的良友，使您尽快提高中盘作战的能力。

　　本书在编写过程中，得到围棋界诸位专家的大力支持与帮助，在此致谢。

见此图标 微信扫码
走进围棋入段"云"课堂

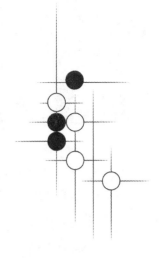

目 录

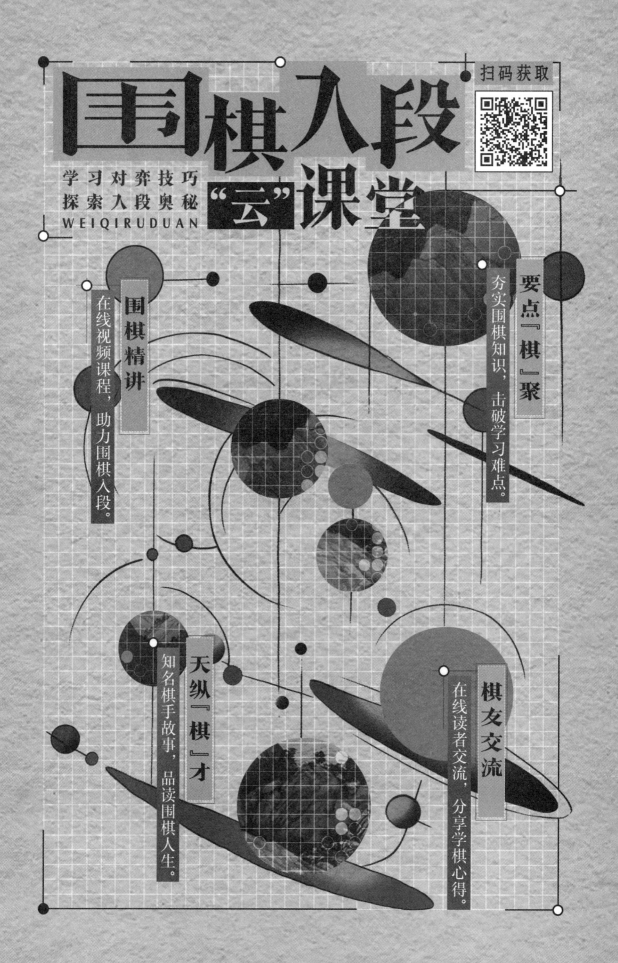

围棋入段"云"课堂

学习对弈技巧
探索入段奥秘

WEIQIRUDUAN

扫码获取

围棋精讲

在线视频课程，助力围棋入段。

要点『棋』聚

夯实围棋知识，击破学习难点。

天纵『棋』才

知名棋手故事，品读围棋人生。

棋友交流

在线读者交流，分享学棋心得。

第一章

中盘攻击的急所

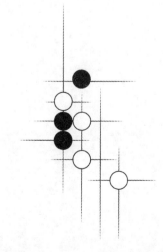

攻和防是围棋中盘战斗的基本矛盾。研究中盘战主要是研究攻防问题。本章首先研究中盘攻击急所的问题。

许多业余爱好者感到攻击是对局的难点，同时也希望增强攻击力。确实，攻击与定式、手筋不同，没有固定的模式和顺序，只能在不同的局面下，依靠自己的力量作出决断，解决问题。这一点，正是攻击的困难所在。反之，也是攻击的乐趣。

攻击只是手段，从中得利、争取全局的胜利才是目的。棋的强弱，由棋形决定，与棋子的多少无直接关系。有时，大棋反而弱。相反，寥寥数子，却可能是不怕攻击的强棋。所谓弱棋，就是有缺陷的棋。攻击时，抓住缺陷，瞄准急所是重要的一环。

因此，攻击的急所大致分为三类：

（1）夺眼形的急所。

（2）不让对方整形的急所。

（3）攻击薄形的急所。

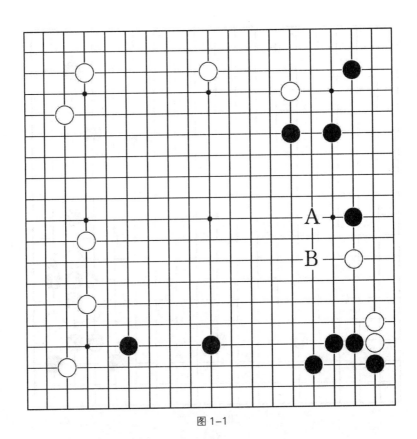

图 1-1

（图1-1）现在很明显，首先会想到的是怎样攻击右边白三个弱子。攻击方法虽多，但此局面下只有一种是最适宜的。

黑如A位跳，白B亦跳，根本起不到攻击的作用。那么，攻击的急所在哪里呢？

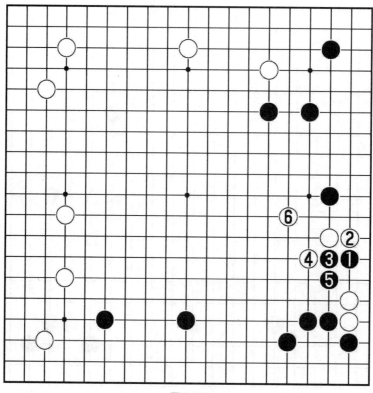

图 1-2

（图1-2）肯定有人会想到1位点入的手段，这也确实是局部的掏空好点。

白2挡，大致如此，以下至白6必然。白棋通过舍弃两子，在外边形成好形，黑已无法对白进行攻击。所以，从全局来看，黑不能满意。

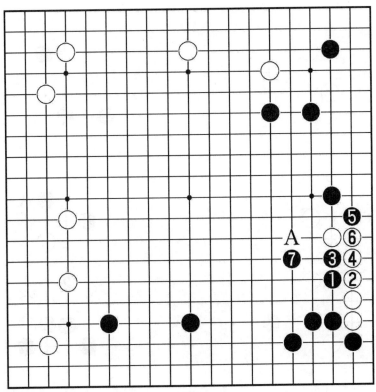

图 1-3

（图1-3）黑1跳，也是局部的好点。以下至黑7是最强的攻击，白棋很苦。

但这是一厢情愿，白2当然会在A位关起，结果与前图大同小异。

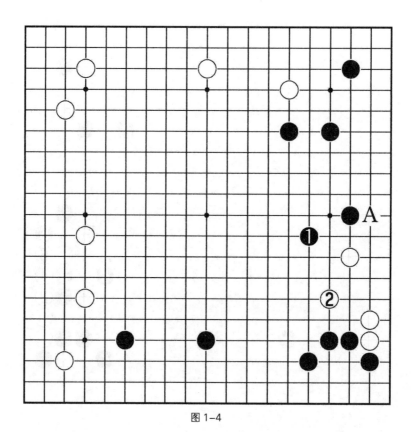

图1-4

（图1-4）常言道："攻击要用飞。"黑采用1位飞攻如何呢?

但被白2补后，黑已无后续手段。白可以向中央出头，且还可以A位托简单做活，黑仍不能满意。

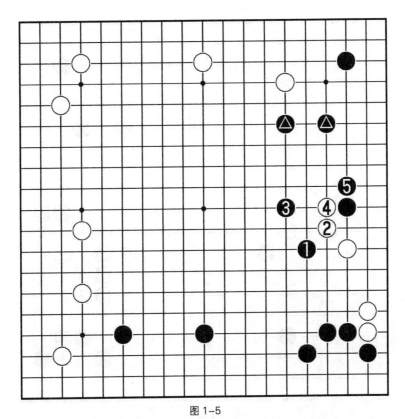

图 1-5

（图1-5）黑1镇，是此际攻击的要点，也是最有力的下法。

白2尖出，则黑3飞继续追击严厉，至黑5长，▲两子在攻击中发挥作用，白危险。

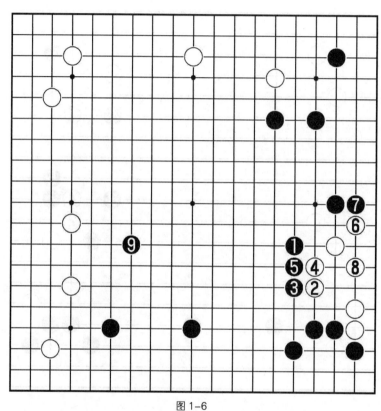

图 1-6

　　（图1-6）对黑1镇，白2飞，黑3封头必然，白只得在6、8位做活，活得相当难受，黑非常满意。

　　黑9扩大模样，局面简明易下。这是一个很好的例子，虽然没能吃掉对方，但利用攻击，把局势引向了有利于自己的方向。

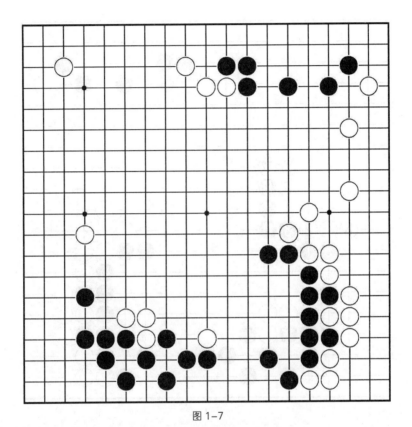

图 1-7

　　（图1-7）黑棋下边很厚，着眼点当然应放在左边。那么，黑方全局性的一着，应下在哪里呢？

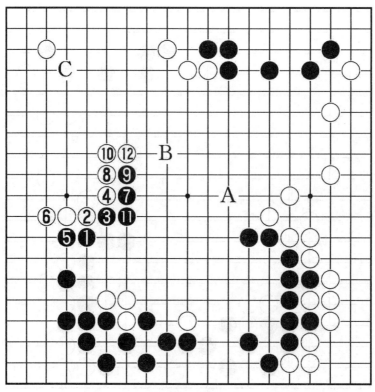

图1-8

（图1-8）黑1飞进行围空，明显违背"厚势不围空"的基本原理。

白2贴必然，以下至白12曲大致如此。黑虽是先手围空，但白12曲后，白在上边也无形中变厚。之后，A和B两点成见合，而黑C位肩冲已不成立，明显黑失败。

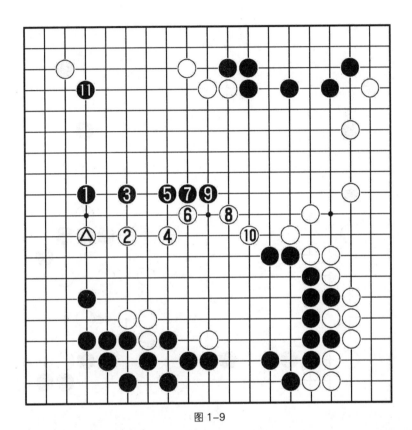

图1-9

　　（图1-9）应该看到白△子远离上方白子而处于下方黑棋强大的厚势中。因此，黑1果断打入进行攻击，是正确的下法。

　　白2、4跳只能如此，以下至白10后，黑11再对上边白棋进行攻击，黑作战明显有利。由此可以看出，厚势一定要用来攻击，这样才能充分发挥厚势的作用。

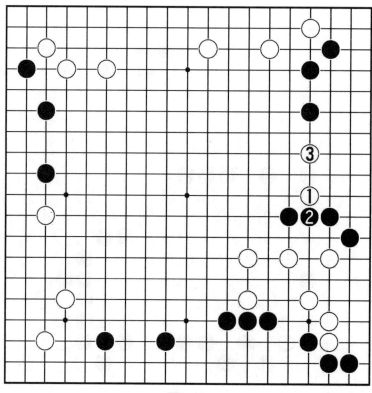

图 1-10

（图1-10）白1、3侵入黑空，企图一举破掉黑棋实空。

黑棋应该毫不犹豫地对白两子发动攻击，通过攻击争取在其他地方获取利益。

那么，黑的攻击要点在哪里呢？

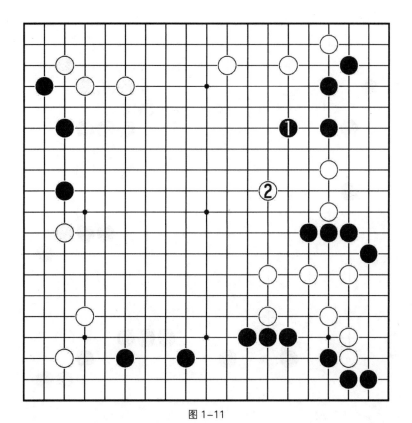

图 1-11

（图1-11）黑1跳，是乏味的一手，简直不知道攻击的真正含义。

被白2大飞出头，攻守之势已逆转，下边黑四子反而要逃跑，失败是必然的。

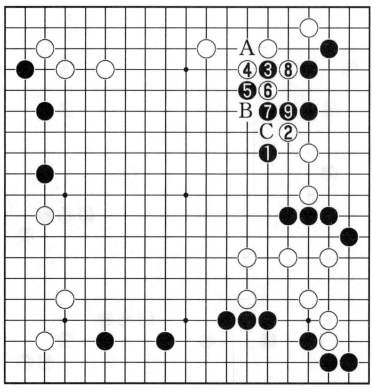

图 1-12

（图1-12）一般而言，以镇封头的攻击方法是最严厉的攻击手段。这种时候，黑1镇是正确的攻击态度。

白2尖出时，黑3靠压，是缠绕攻击的绝好步调。白4扳，黑5连扳，严厉。然后，黑7、9通过弃子，白边上三子已被吃，黑获大利。白4如果走A位，黑就走B位；白如C位长的话，黑便A位扳，白均受不了。

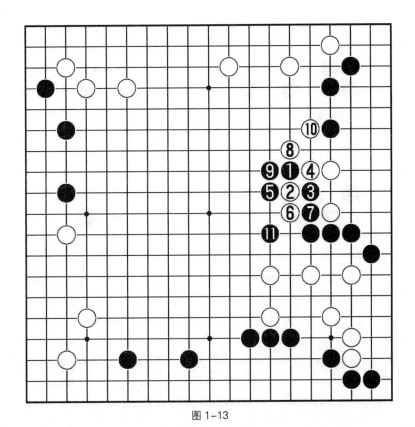

图 1–13

（图1–13）对黑1镇，白2靠，黑3、5、7是局部的连贯手筋。

以下至黑11必然，能吃掉白两子，黑非常满意。

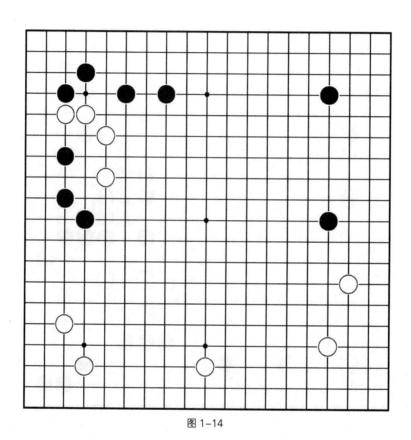

图 1-14

（图1-14）现在的焦点肯定是要对左上白四子进行攻击。

那么，攻击的要点在哪里呢？请注意攻击的方向。

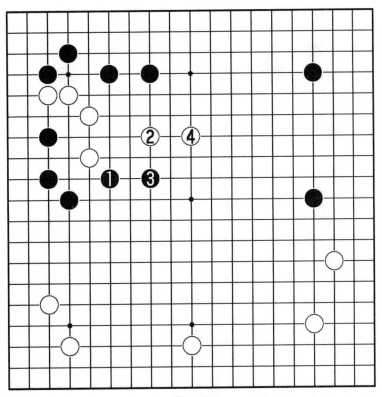

图 1-15

（图1-15）黑1飞攻严厉，白大致只能在2位跳，黑3追击颇为舒服。然而冷静地考虑一下，就会发现问题。通过攻击，黑得到了多少利益呢？

实际被白4跳出后，右上黑的模样自然被侵消，而下边的白实空却没有受到任何影响。这种下法显然是失败的，其原因是攻击的方向错误。

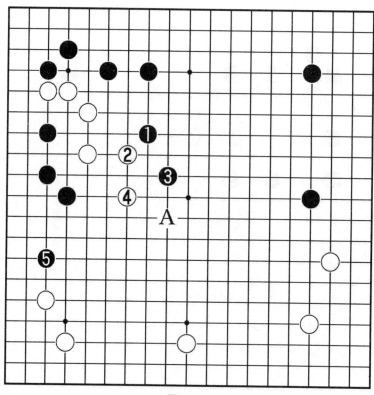

图 1-16

（图1-16）这种场合，黑于本图1位封住中央是攻击的正确方向。

对于白2，黑3追击绝好。白4跳，黑5顺其自然地拆，以后黑A位跳仍是先手。这样通过黑1、3的连续攻击，使右上的模样顿时壮大了许多，这就是攻击的效果。

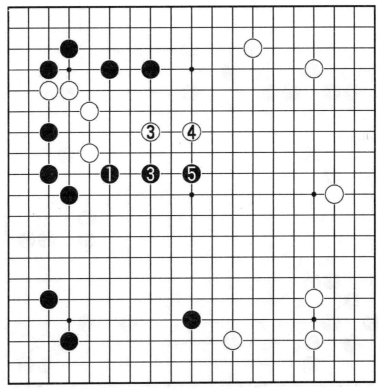

图 1-17

（图1-17）假如把周围的配置变换一下，左下一带是黑模样，右边是白模样。这时，黑1攻击就是正确的。条件变了，着手当然也要改变，这就要求有随机应变的灵活思考方法。

对白2、4，黑3、5的一间跳恰到好处。通过攻击白，左下黑模样刹那间壮大了起来，黑很充分。

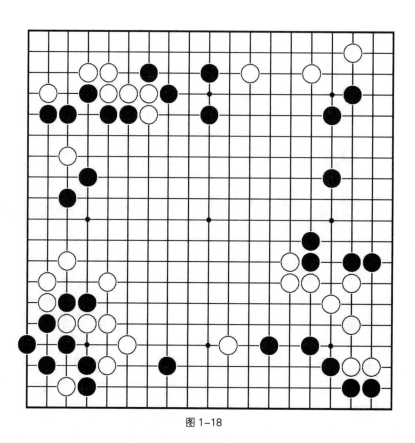

图 1-18

（图1-18）现在轮到白下，似乎有些盲点，攻击的急所不知在哪里。

但是，只要你细心观察一下，就会发现确实有严厉的攻击手段。

请注意黑有缺陷的地方，击中即溃。

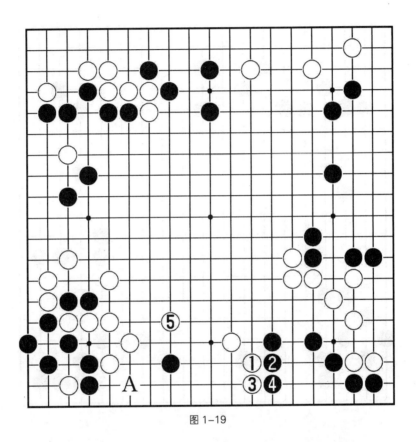

图 1–19

（图1-19）白1位尖，再3位立虽是先手，但未免有些乏味。

之后，白如5位镇。由于黑有A位的渡过，白一无所获，显然失败。

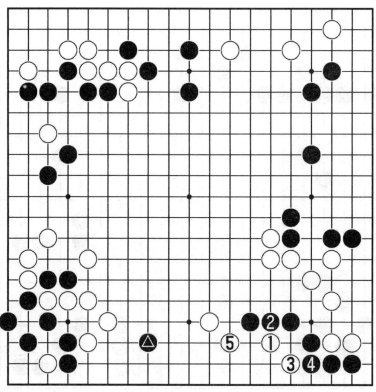

图 1-20

（图1-20）白1位点入，是严厉的攻击急所。仅此一手，黑顿时陷入困境。

黑2接没办法，白3先手刺后，再5位渡回，黑整块棋没有眼形，只好外逃。这样，白借助攻击，可顺势把黑❹子吃掉，白大成功。

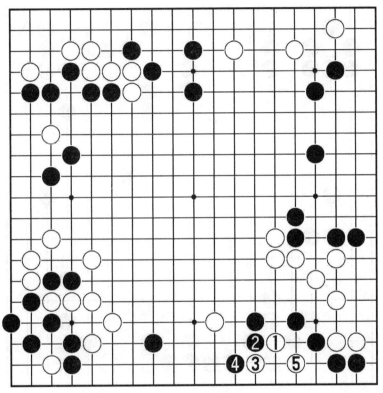

图 1-21

（图1-21）对白1点，黑如2位挡，无理。

白3、5扳虎，黑到处是断点，无法补棋。

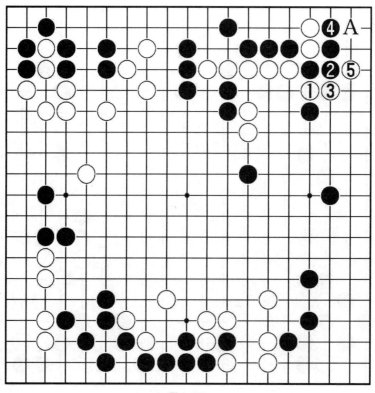

图1-22

（图1-22）白1、3冲下，黑4吃净白两子是好手。此时，白5扳，意在有A位夹的先手利用，但这只是白的如意算盘。

事实上白5扳是大恶手，黑棋不能错过机会。请抓住攻击白棋的急所。

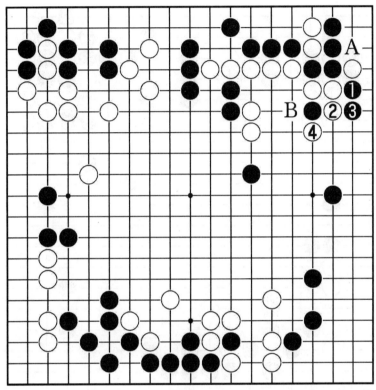

图 1-23

（图1-23）黑1断，虽是局部好手，但从全局来看，此手不够严厉。

白2、4曲打后，可简单获得安定，黑不能满意。黑1更不能在A位挡，被白B虎后，黑棋仍失去机会。

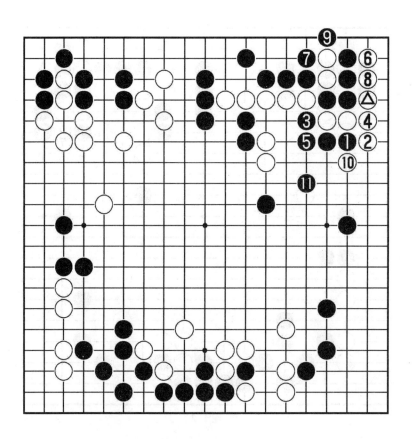

（图1-24）黑1夹，是此际的攻击急所。

白2位扳虎，则黑3、5打粘可分断白棋。白6以下至白10虽可活角，但黑11跳后，白中央数子被吃，黑充分。

白2如在4位粘，则黑5长，右上整块白棋没有眼位，白棋危险。由此可以看出，当初白△扳的正确着手应在5位扳虎。

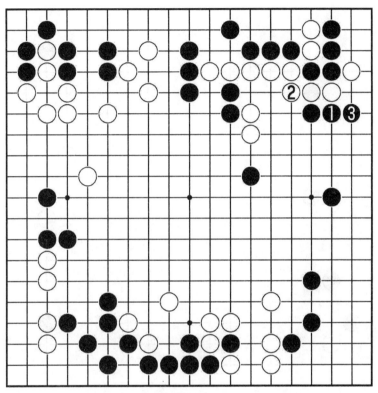

图 1-25

（图1-25）对黑1夹，白2粘，则黑3立下，白仍苦战。

黑1不能先在2位断，否则被白在1位曲，黑无法取得本图的好结果。

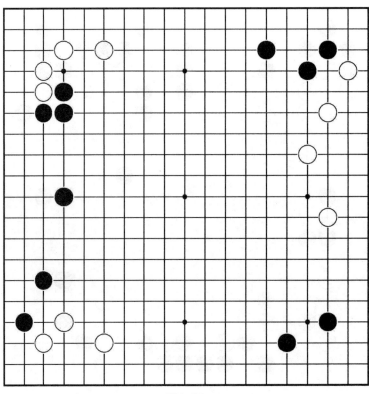

图 1-26

（图1-26）为了确保实地，黑也许应该占领大场。但须注意，左边
黑形尚不完整。

那么，黑下在哪里好呢?

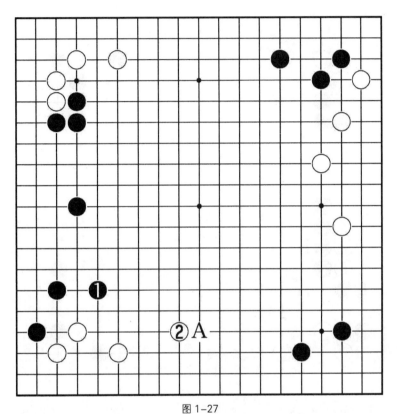

图 1-27

　　（图1-27）黑单于1位跳起补强是一般的构想，但被白占到2位或A位的大场，黑稍感不满。

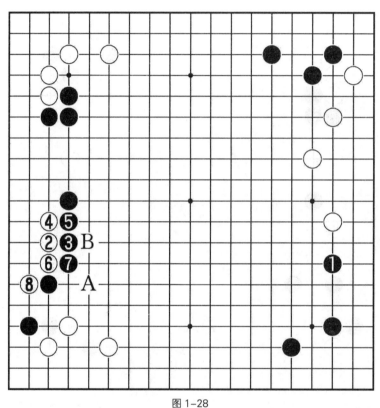

图 1-28

（图1-28）就局部而言，黑1拆逼是好点。但此际右边白棋厚实，故此手仍是疑问手。

白2直接打入是严厉的一手。黑3压，白4长至白8扳，白充分。如果黑3改在A位跳，则白亦于B位跳起，白并无不满

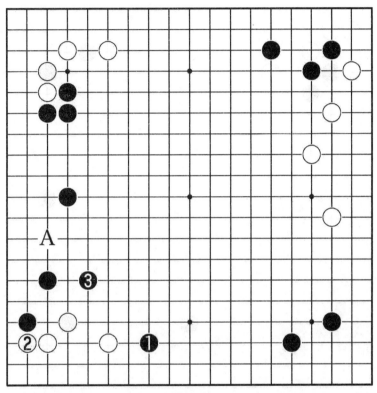

图 1-29

（图1-29）左边的黑棋需要补强，关键在于采用什么方法。

黑1紧逼，十分有力，有了这一手，白就无暇顾及A位的打入。这就是格言所说："攻击是最好的防守。"

白2守不能省略，黑3顺势关起非常生动。白2如省略，黑于2位挺进严厉，威胁整块白棋的眼位。

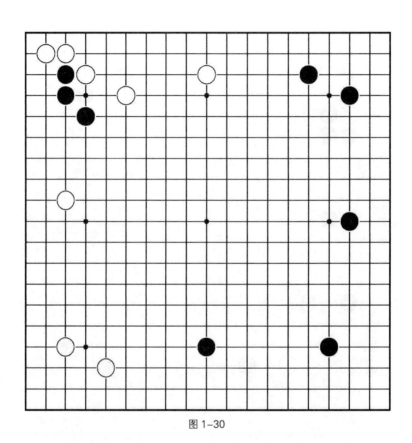

图 1-30

（图1-30）布局伊始，双方以正常的顺序进行。现在，黑棋有必然的一手，应下在哪里呢？

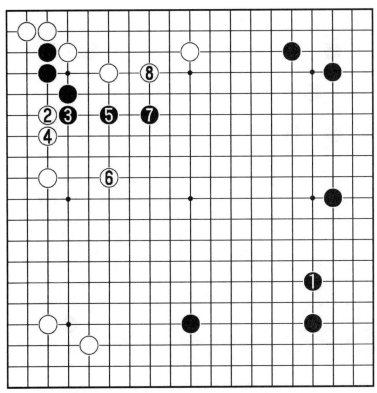

图 1-31

（图1-31）黑1如单关守角，局部成好形，确实也很大。但在这个局面下左上更为紧要。

白于2位搜根，是攻击的急所，整块黑棋顿时成为无根浮棋。

从黑3至白8为止，周围的白棋顺势变厚。从全局来看，白充分可下。

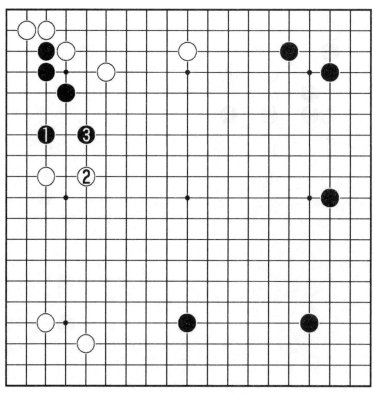

图 1-32

（图1-32）黑1的拆虽窄，但关系黑三子的根基，不能省略，可以说是双方的急所。

格言说："急所大于任何大场。"故黑1是绝对的一手。以下至黑3，双方大致如此。

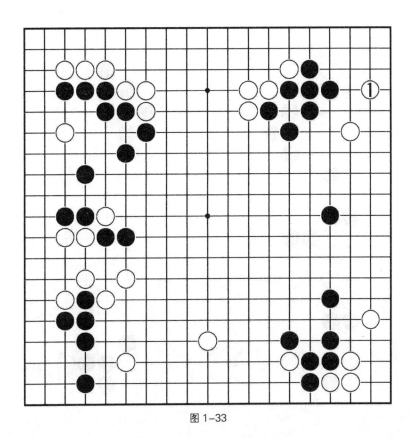

图 1-33

　　（图1-33）白1飞角后，乍一看好像黑已无法对白进行攻击。其实不然，黑还是有很严厉的攻击方法，打破常规，就会发现攻击的急所。

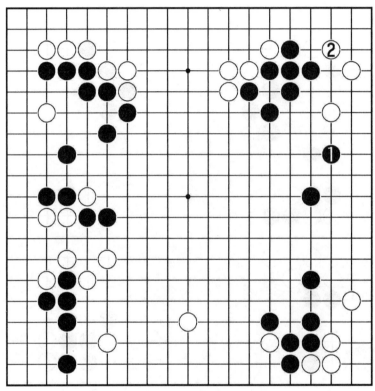

图 1-34

（图1-34）黑1逼，是局部的一般下法，思路不够开阔。

白2尖角，白活得很舒畅，黑不能满意。

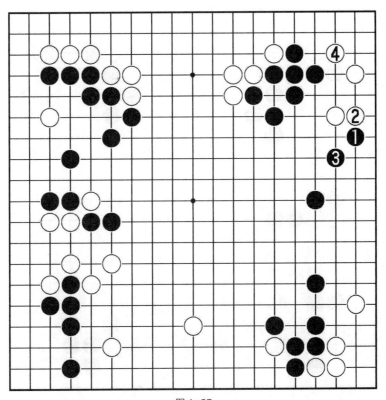

图 1-35

（图1-35）黑如在1位直接点如何呢？这手棋有点操之过急。

白2挡时，黑3不能省。白4尖角后，与前图的结果大同小异。

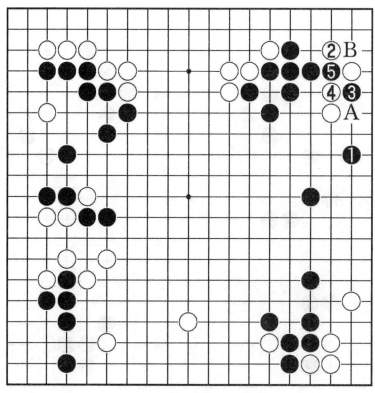

图 1-36

（图1-36）黑1是此际唯一的攻击急所。这一点不太容易注意到，特别是对围棋业余爱好者颇有启发。

对白2的尖角，黑有3位跨的手筋，至黑5后，A和B位两点成见合，黑充分。

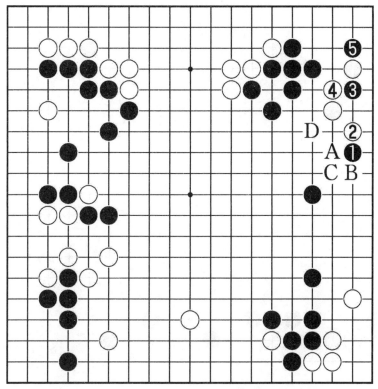

图 1-37

（图1-37）对黑1，白2尖顶，黑3、5两边靠，严厉，白形相当危险。因为白A位扳，黑可在B位退。

白2如在C位穿象眼，黑既可走A位的俗手，也可在D位飞。

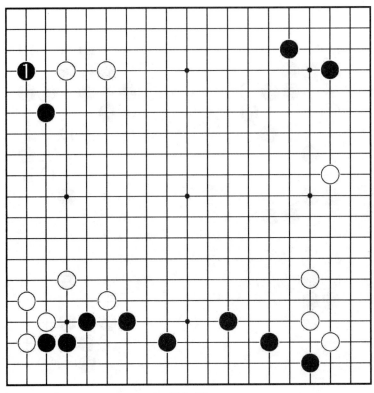

图 1-38

　　（图1-38）其他的问题可以暂时不管。现在，对于黑1的飞入，白应
采取什么样的态度呢？

　　请从全局的配置来考虑攻击的选点。

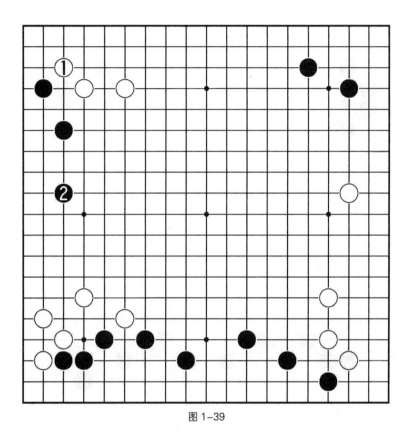

图 1-39

（图1-39）白1尖守角太过于教条，这正是黑所希望的。让黑占到2位好点，黑成理想形，而左下白的厚味失去作用，白不能满意。

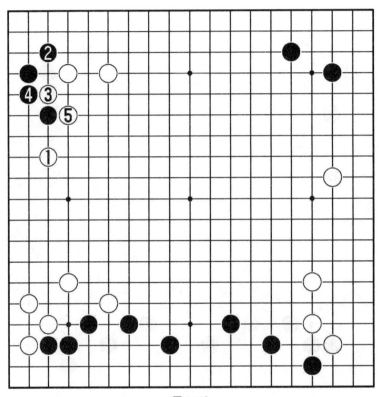

图 1-40

（图1-40）白1夹攻，是充分利用左下角白外势的有力手段。

黑2尖取实地，势所必然。白3、5尖虎，在左边构成强大的外势，白

充分可下。

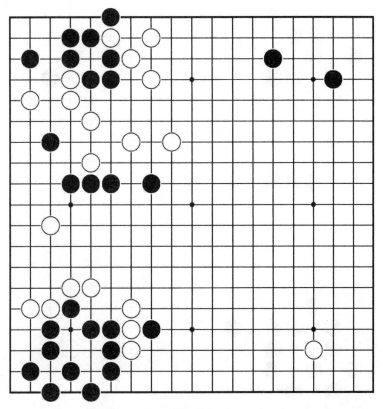

图 1-41

（图1-41）现在的局面，黑棋实空明显比白棋多。但黑在左边有一块不安定的棋，这也是白棋的希望所在。

那么，白应采取什么样的攻击手段呢？请充分利用左下角的厚势。

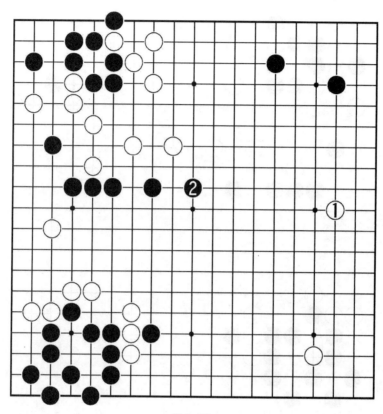

图 1-42

　　（图1-42）白1拆大场，虽然是一步很大的棋，但有脱离主战场的
感觉。

　　黑2跳是急所，这样可顺利出头，白明显不好。

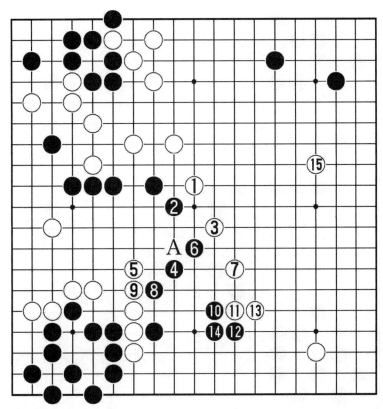

图 1-43

（图1-43）白1用飞来追击黑棋，好感觉，是攻击的理想姿态。

黑2尖出，白3继续飞攻必然。黑4跳时，白就5位防守。这并非单纯的防守，而是瞄着A位的跨断。黑6只能补，白又在7位飞。黑8至黑14以后，黑即使做活，外边也全是白势。白再在15位一带展开，白优势一目了然。

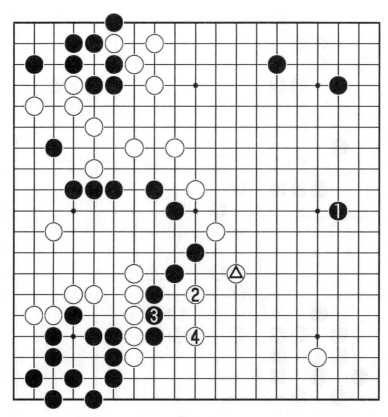

图 1-44

（图1-44）白△飞时，黑如强行脱先，而于1位占大场如何呢？

但是，黑受不了白2、4的攻击。白一鼓作气，使黑遭受这样的猛攻，可以说黑必败无疑。

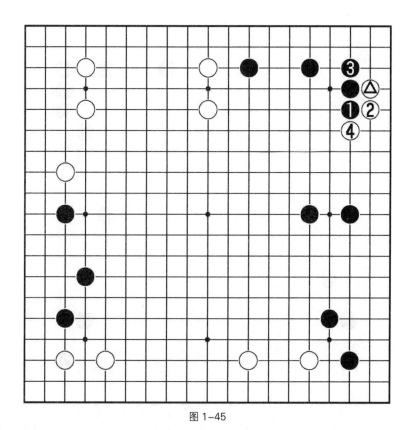

图 1-45

（图1-45）白△在右上角托是试应手的下法。黑1长也属正常，但白2、4马上动出，是轻率，还是时机尚早呢？

有一定棋力的读者，一眼就能看出白的这种下法明显过分。那么，黑应如何进行攻击呢？

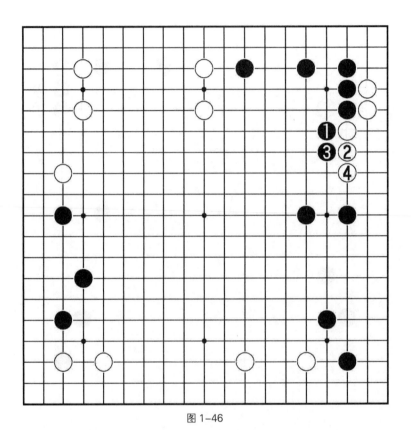

图 1-46

（图1-46）黑1扳是典型的大俗手，可以说是对攻击一窍不通。

白2、4长出后，白在边上已成活形，黑显然不行。

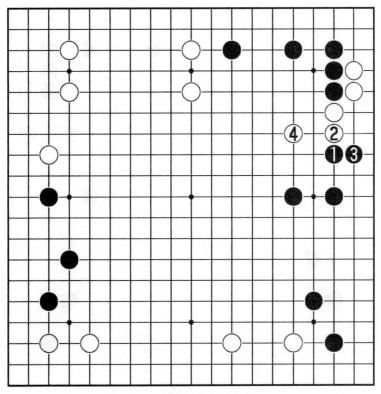

图 1-47

（图1-47）黑1虽是攻击的下法，但仍不够严厉。

白2位顶，好手。为了夺白眼位，黑必须在3位下立。但白4位跳出后，黑的攻击已很困难。

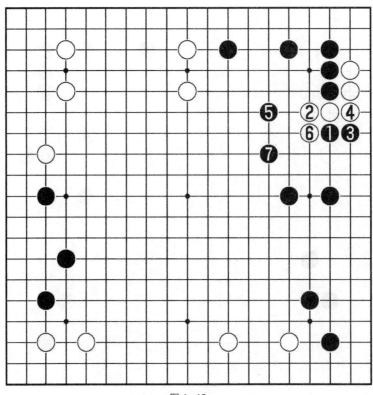

图 1-48

（图1-48）黑1夹，是攻击的急所，只此一手。这是实战中常见的形，请读者一定要记住。

白2长只能如此，黑3立必然。然后黑在5位镇，白已不能动弹。白若6位曲，黑7位跳封，白成大败之势。

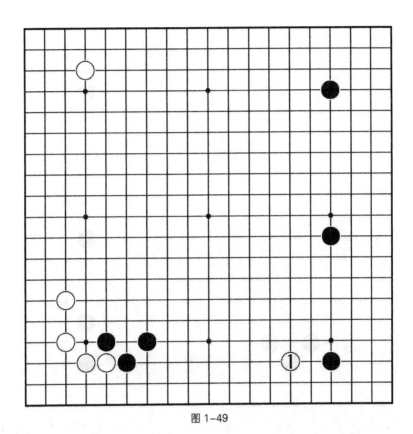

图 1-49

（图1-49）白1是有计谋的一手，黑必然采取有力的攻击手段。

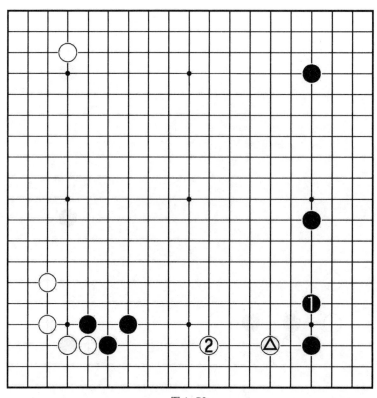

图 1-50

（图1-50）白△走后，所期望的就是黑在1位缔角，然后白2二间拆，姿态从容。

这个结果，不是说黑不好，而是从追求最佳的选择来看，黑不能满意。

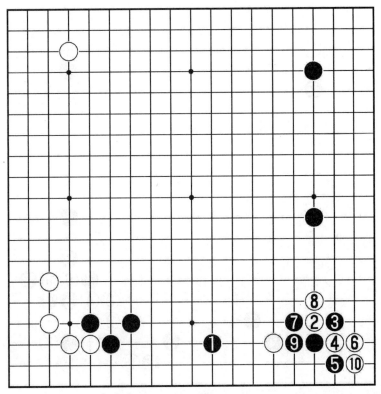

图 1-51

　　（图1-51）黑1拆逼，说明黑已识破白的计谋，但此着不过是常识性的着法。

　　白可施展2位靠、4位断的腾挪手筋，以下至白10拐，仍是白满意的结果。

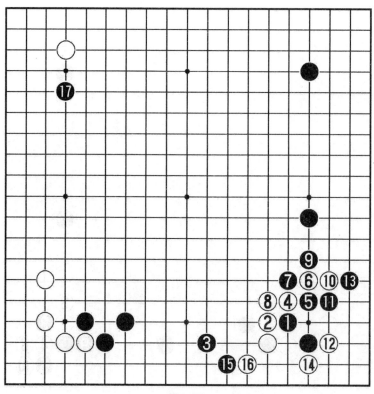

图 1-52

（图1-52）黑1尖，将计就计，颇为有力。

白2长大致如此。被黑3拆逼，恰成黑所希望的结果。白4、6连扳谋求腾挪，黑7、9是严厉的手段，白12靠手筋。以下至白14渡过，黑15先手后，再于17位挂角，黑并无不满。

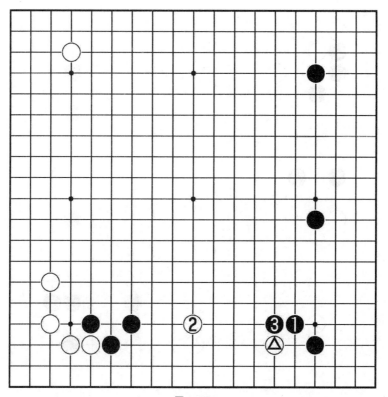

图 1-53

（图1-53）黑1尖后，如果白不肯被对方牵着鼻子走而于2位拆，但由于被黑3压后，黑棋厚实，白难下。

由此可见，当初白4还是单于2位一带夹为好。

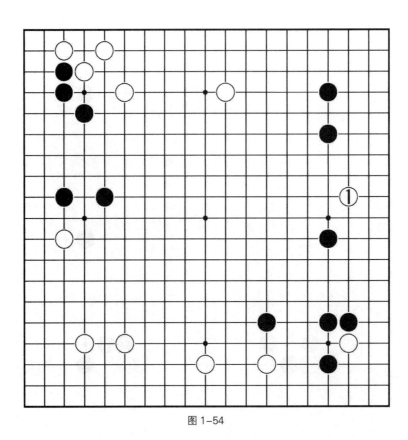

图 1-54

　　（图1-54）白1深入敌阵，面对这样的挑战，黑有什么严厉的攻击手
段吗？

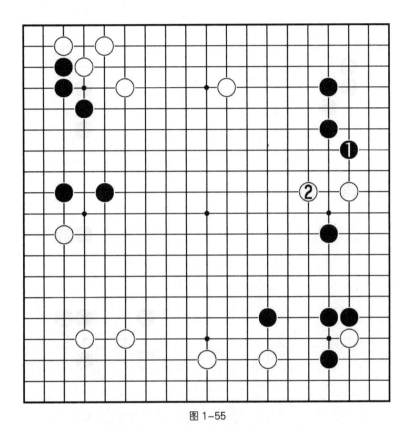

图 1-55

（图1-55）黑担心右上角地被掏而于1位尖攻无谋，被白2愉快地跳出，黑显然无趣。至此，对白两子黑已无强攻手段，且右下角仍留有余味。

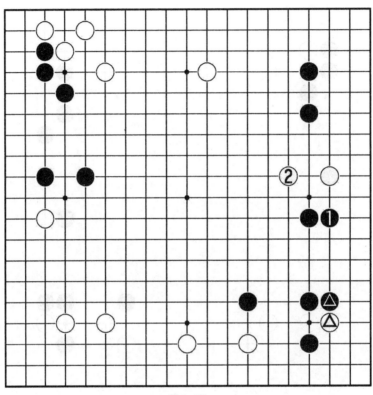

图 1-56

　　（图1-56）黑如在1位扎钉，被白2跳出后，其结果和前图大同小异。

　　特别是黑●与白△已经交换过，黑●与黑1过于重复，子效太低，而且角上仍有各种变化。

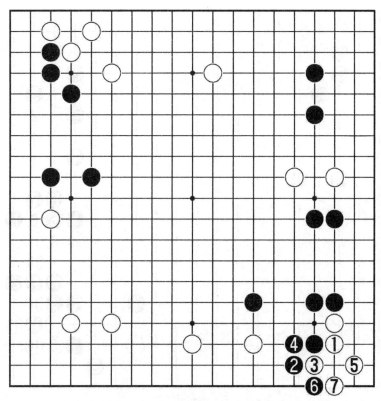

图 1-57

（图1-57）接前图的后续变化。

从白1至白7为止，右下角成打劫活。由此可以证明，前面两图的攻击都不够充分。

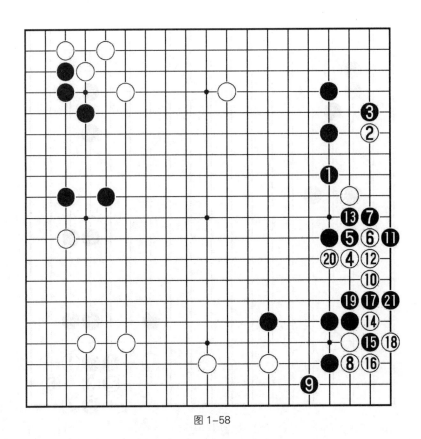

图 1-58

（图1-58）黑1从上边肩冲，是对白一子进行严厉攻击的急所。

白于2位大飞，黑3靠，有力。白4是求变的下法，以下进行至白18提，角上白已活净。至黑21切断后，黑作战肯定有利。

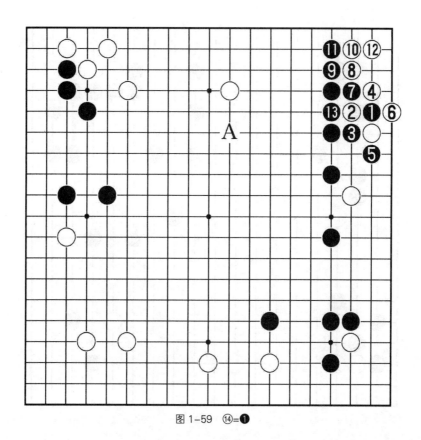

图1-59　⑭=❶

（图1-59）对黑1靠，白如在2位直接扳，黑3断，必然。

以下进行至白12止，白在角上虽已净活，但黑13先手打后，再于A位镇，扩张模样，无疑是黑成功。

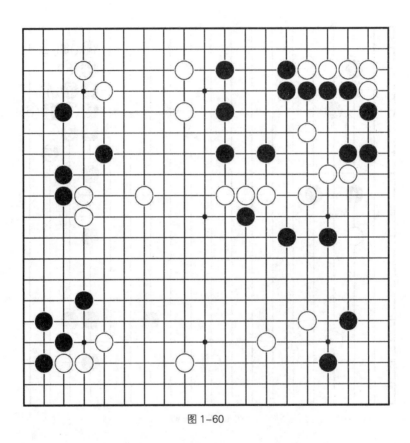

图 1-60

（图1-60）现在，左边的白三子很弱，从右边向中腹延伸的白棋也
不稳定。黑应攻击哪边呢？

绝对不允许攻击半途而废，也不能让其联络。问题在于怎样分开两
块白棋进行攻击。想想间接攻击法和缠绕攻击法。

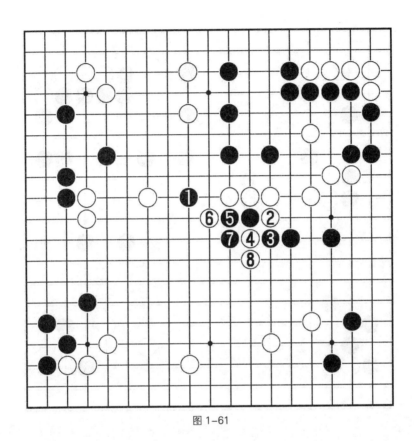

图 1-61

（图1-61）黑1虽有攻击意识，但对两边白棋都没有威力，着法过于单调。

白2、4冲断，严厉，以下至白8长出，黑反而被白袭击。因此，黑1不是攻击要点。

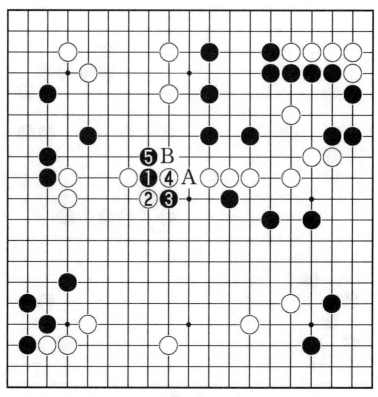

图 1-62

（图1-62）黑1碰，是严厉的攻击急所，这是典型的缠绕攻击战术。

白如果在2位扳，黑3连扳，有力。白4打，黑5长后，白棋很弱，这样总有一边要被吃住。黑5不能在A位打，否则让白5位提太厚。

白2如果在5位扳，则黑同样在B位反扳。

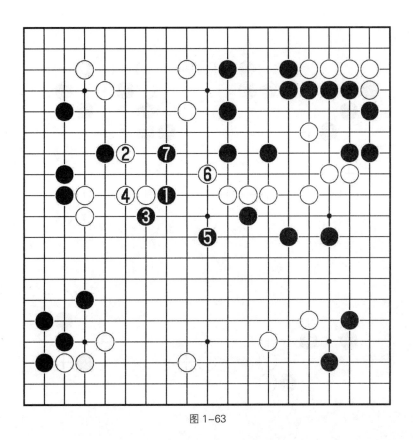

图 1-63

　　（图1-63）对黑1碰，为了避免黑棋接触右边的大棋，白大概会在2位腾挪。

　　黑3、5软攻是有力的下法，至黑7之后两块白棋中，总有一块会有危险，白棋明显陷入困境。

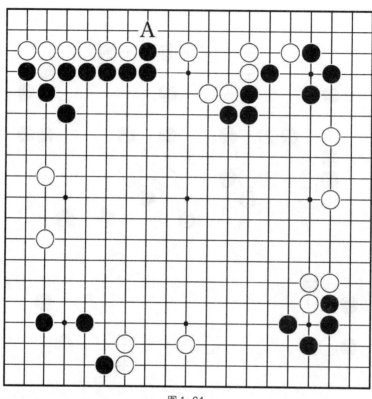

图 1-64

（图1-64）攻击的目标肯定是上边的白棋。

也许不要把棋想得太复杂反而好些。因为A位的立不是先手，所以，应一步一步地从外面紧逼，这样就可以找到攻击的急所。

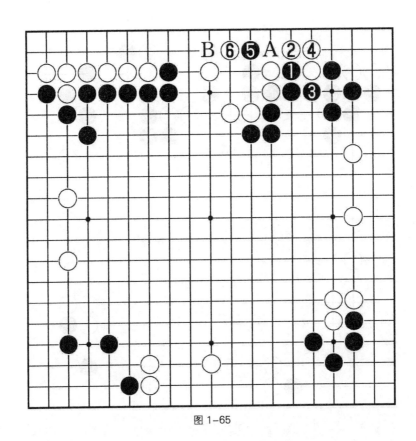

图 1-65

（图1-65）黑1冲后，黑再在3位打，是单调乏味的下法，无后续手段。

黑5点入，乍一看像是手筋，但白简单地在6位顶后，黑就无应手了。

白6不能在A位接，否则黑有B位托过的手段。

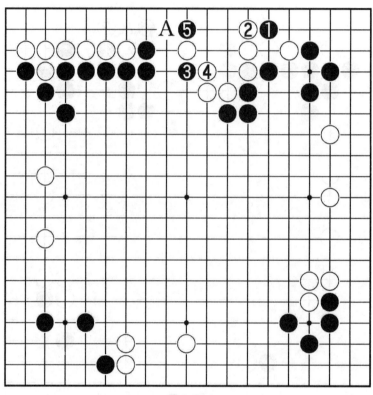

图 1-66

（图1-66）黑1点，是攻击的急所。

白2挡时，黑3、5是攻击的常用手段，白颇为难受。白2或白4如果在A位尖，虽可以做活，但单纯做活太没意思。

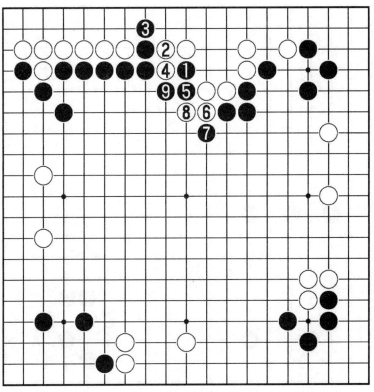

图 1-67

（图1-67）对黑1靠，白如在2位顶，黑正好顺势在3位立下。白4冲出，也无济于事。

黑5长出，严厉，以下至黑9曲，白仍处于无眼状态，白苦战。

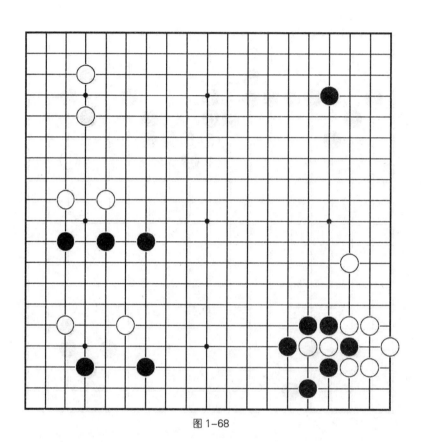

图 1-68

（图1-68）现在的目标显然是左下角的白两子，黑应如何攻击呢？
请找出双方合理的应手。

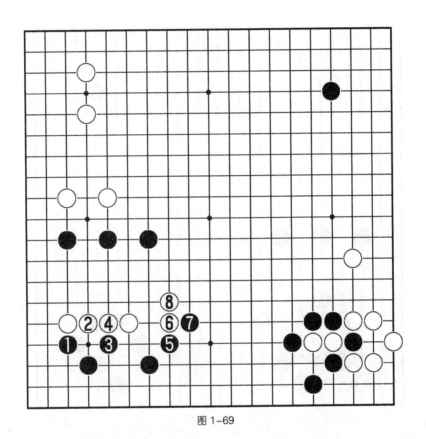

图 1-69

（图1-69）黑1、3、5的攻击方法是实战中常见的下法。

但在目前的情况下，应对至白8时，黑上方三子反而变薄受攻，故这不是理想的攻击。

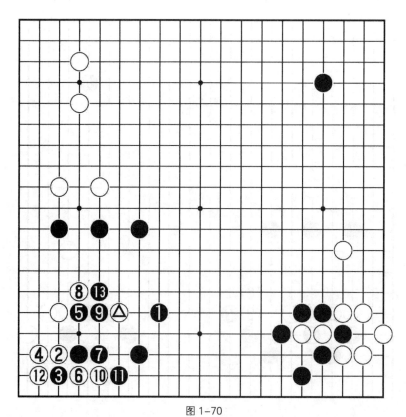

图 1-70

（图1-70）黑1飞镇进攻白两子，是此际的攻击急所，这样可顺势在下边形成大模样。

白2、4求活，黑5靠，意在切断白△一子。白6断，好手，以下进行至黑13曲，白虽已活净，但黑外势雄壮，黑充分可下。

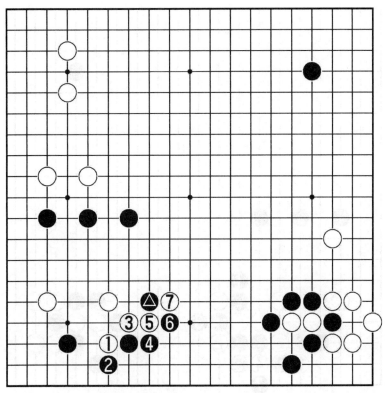

图 1-71

（图1-71）像黑●飞镇这样的应手，通常被认为有破绽。但在此场合，因为周围黑势强大，故可采用如此强硬的着法。

对于黑●，白如采用白1以下至白7直接冲断进行反抗如何呢?

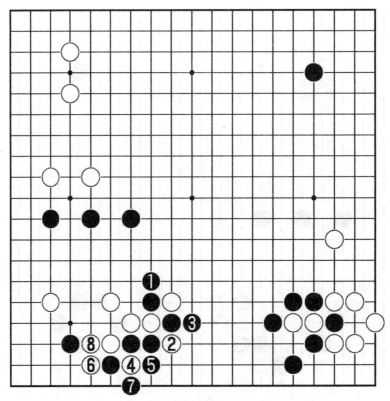

图 1-72

（图1-72）接前图。黑1长，是积极的下法。

虽然白有2、4、6位连续打吃的手段，至白8，白冲破重围，但黑由此形成了厚实的外势，且角上黑还有各种手段，黑充分可下。

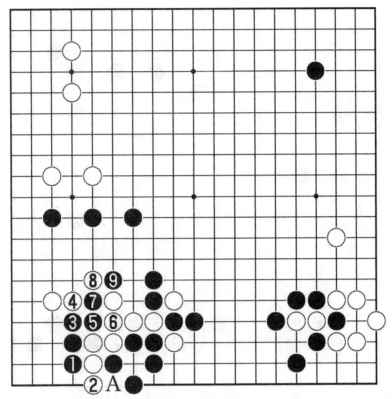

图 1–73

（图1–73）续前图以后的变化。

由于角上白的味道很恶，黑可简单地采取黑1夹的下法。白2如强行立下，黑3以下至9位断。尽管白可于A位伸入打吃，但白棋几乎成崩溃之形。

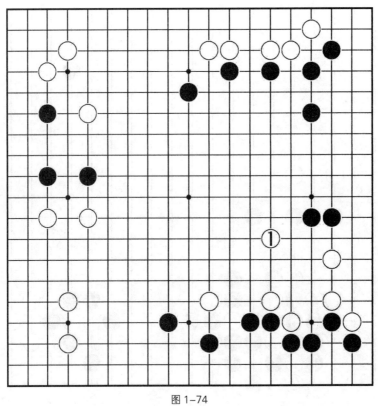

图 1-74

（图1-74）白1大跳，补强右下角的弱棋，是绝对的一手。

那么，黑应采取什么对策呢?

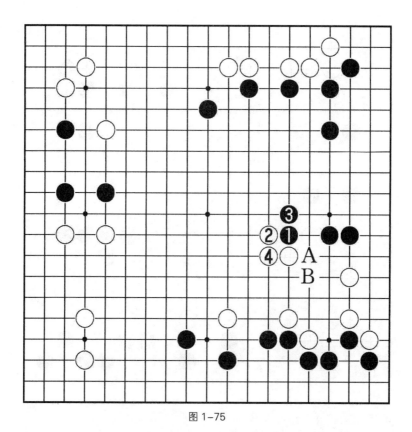

图 1-75

（图1-75）有人会认为黑走1、3位靠长是正常的下法，其实这是无谋的下法。

白4粘后，白形坚固。将来黑A虎时，白B位扳即可。

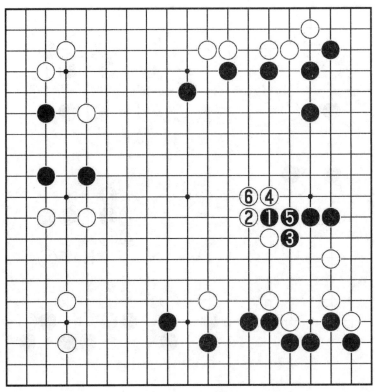

图 1-76

（图1-76）白2扳时，黑3虎是错误的下法。

白4、6打粘出其不意。尽管下方白棋很薄，但不必担心会被无条件杀死。相反，黑上边的厚势已失去作用，黑当然不能满意。

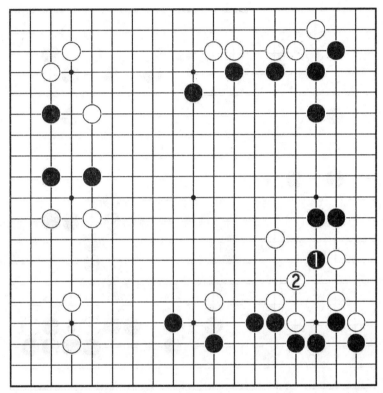

图 1-77

（图1-77）黑意识到白棋的薄味而于1位压，可惜仍未击中要害。

白2尖后，黑不能期望出现奇迹。让白形成好形，黑大损。

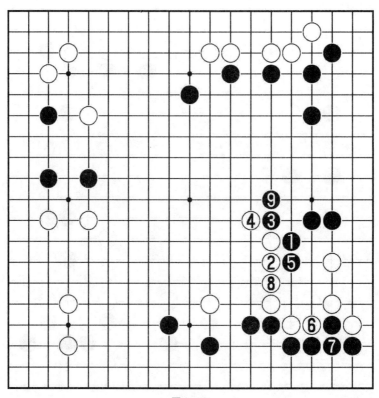

图1-78

（图1-78）黑1尖顶，是击中白棋薄弱处的要点。

白2退仅此一手，从黑3扳至黑9退是必然的应接。至此，不仅下边的黑棋很坚固，而且右上方的黑地也已稳妥。

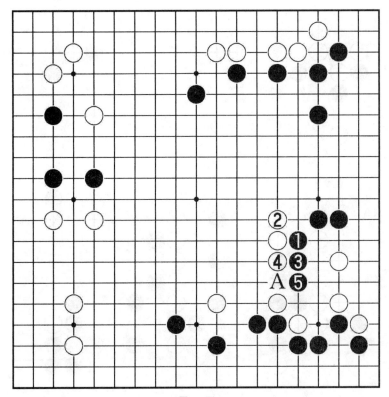

图 1-79

　　（图1-79）对黑1尖，白如不愿走成前图的结果而于2位单长，则黑
3、5直接分断白棋，白数子被吞吃。

　　黑5也可于A位挖，白也不行。

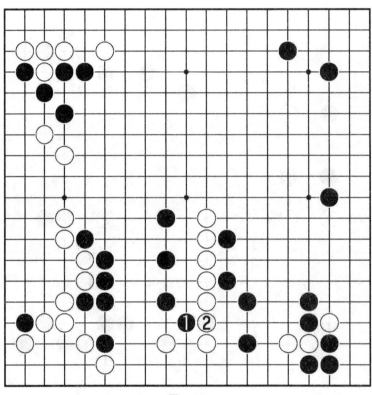

图 1-80

（图1-80）黑1刺、白2粘，是绝对先手。此后，黑要阻止白棋下边的联络，并且对白进行攻击。

那么，黑应如何击中要害呢？顺序极为重要。

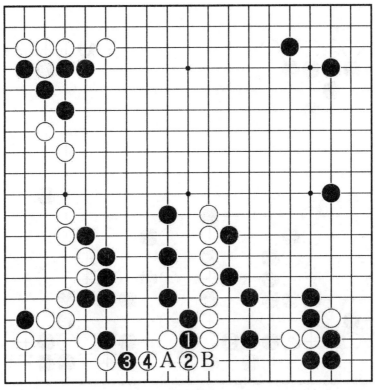

图 1-81

（图1-81）黑1冲，是典型的大俗手。

被白2挡后，黑若3位扳，则白4夹可以渡过。这样黑1与白2的交换成为恶手。至此，黑已无法阻止白联络，十分无趣。黑3如在A位或B位断，则黑会断哪边白就吃哪边。

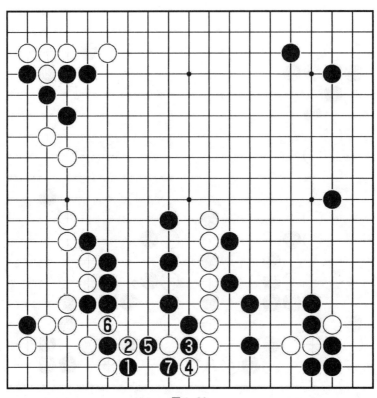

图 1-82

（图1-82）黑1连扳是形的急所，白2断打时，黑再在3位冲是绝妙的次序。

当白4渡时，黑5、7断打绝好。这样，白中央一团子已被分断，完全浮起来了。以后，黑可通过攻击这块棋获利。

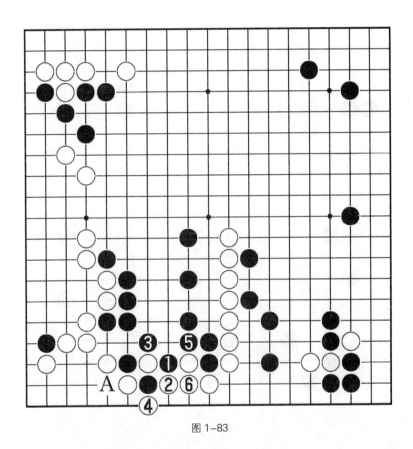

图 1-83

（图1-83）对黑1打，白2、4打渡，黑5先手打后，可于A位断打形成大劫。由于全局劫材对黑有利，白负担过大。

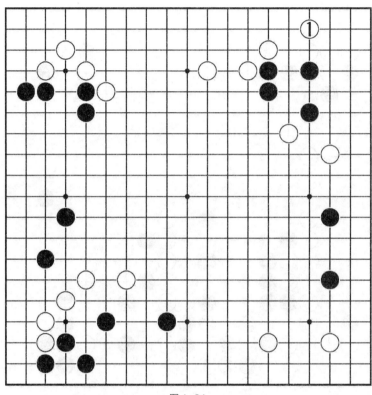

图 1-84

（图1-84）白1飞，这是让子棋中常见的形。

一旦迟疑不决，黑就要受攻。这种场面需要技巧，不要去想攻击手筋。第一感必须正确。

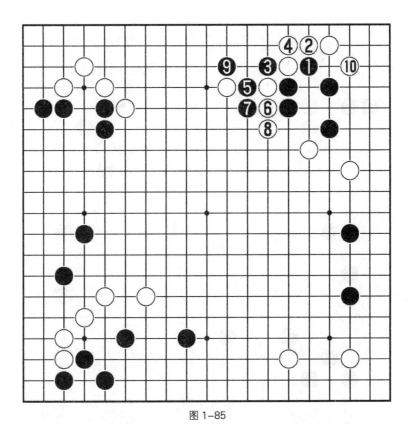

图 1-85

（图1-85）黑1虎，是绝对先手。白当然走2位挡，不能退让。

黑3以下使用强硬的手段，至黑9，虽可以破掉白上边实空，但被白10位尖，黑相当危险。

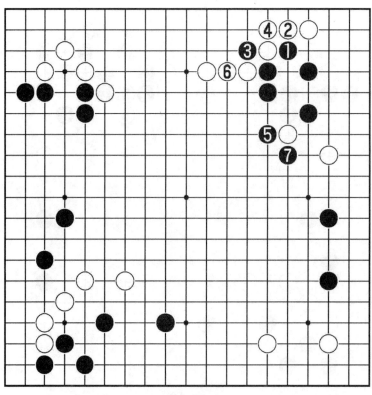

图 1–86

（图1-86）黑1、3先手得利，然后5位靠，是攻击的常用手筋。需要具备这样的第一感，这也是一种间接作战法。

白6接，黑7扳下很愉快。黑在上边损失不大，却在右边形成了压倒性攻势。

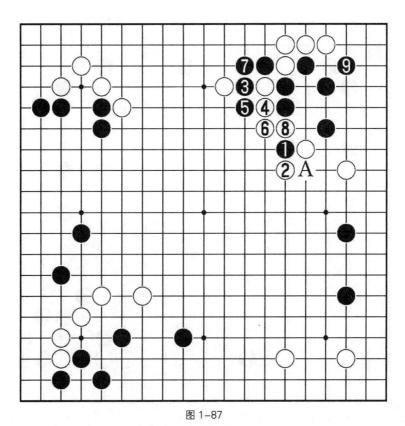

图 1-87

（图1-87）对黑1靠，白若在2位或A位应，黑便走3、5、7位。白8补只能如此，被黑9尖，黑收获甚大。

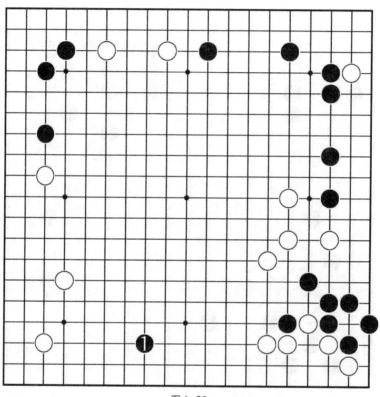

图1-88

（图1-88）黑1在下边分投，白采用什么方法才能走成自己希望的形呢？

请打破常规，采用具有创意的思路。

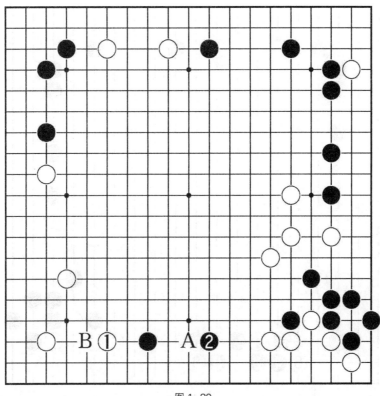

图 1-89

（图1-89）白1拆，平凡而无趣。黑在2位开拆后，右下角白棋的缺陷暴露无遗，白不安。

白1如在A位拆，则黑B位拆，白也不能满意。

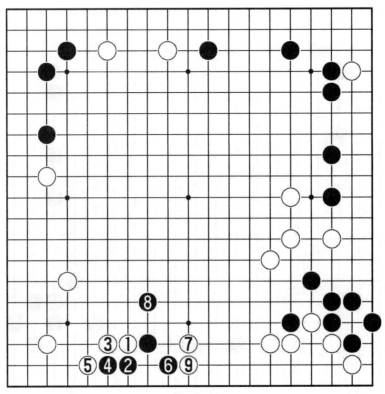

图 1-90

（图1-90）此场合，白1靠是有趣的一手。

黑2扳，白3退是必然的一手。黑6虎整形后，白7占据了攻击的急所。

黑8跳，白9挡下，在加固右下白阵的同时，可对黑整块棋进行攻击，白充分可下。

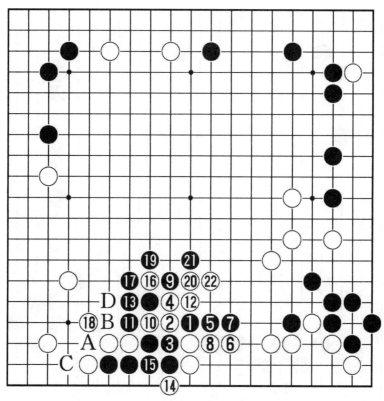

图 1-91

（图1-91）接前图。黑如果在1位靠压，则白2扳出，有力。

以下进行至黑15势成必然。白16断，妙手，同时防住A位和22位两点，至白22止，黑下边数子被吃，白不行。

黑17若在A位断打，则白B、黑C、白D后，黑也不行。

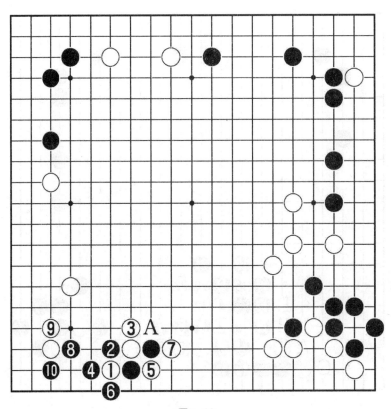

图 1-92

（图1-92）白若使用本图1位连扳，想在二线上拦住黑棋，十分不妥。

黑2、4进行转换，有力。以下至黑10止，白左边已变薄，而且A位逃出仍有余味，白显然不好。

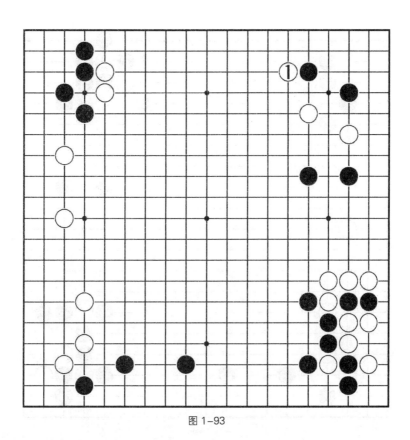

图 1-93

（图1-93）白在1位靠下，这是常用的手段。但在这种场合下，却是过分的下法。黑要不失时机地进行反击，给白以沉重打击。

那么，哪里是攻击急所呢？

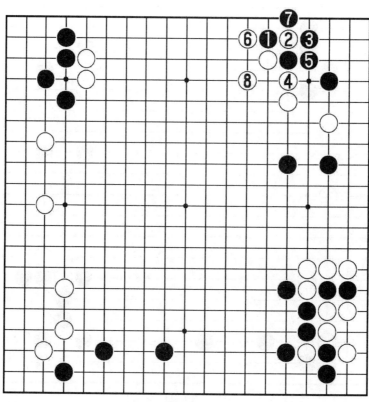

图1-94

（图1-94）黑1扳，是一般情况下的正常下法。但此时却显得软弱无力，毫无反击意识。

白2断，是腾挪的基本手筋。以下至白8止，白得到充分整形，黑显然失败。

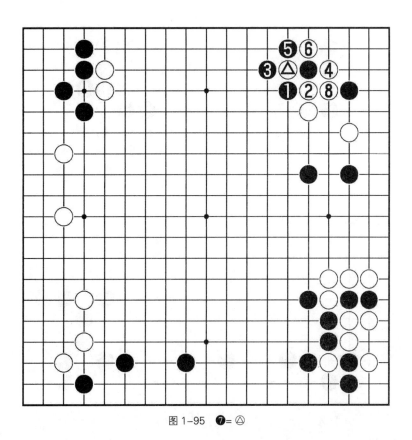

图1-95　❼=△

（图1-95）也许有很多人会认为黑在1位扳出，再3位打，是最强的攻击手段。

其实不然，白可在4位反打，以下至白8的转换，黑显然失败。

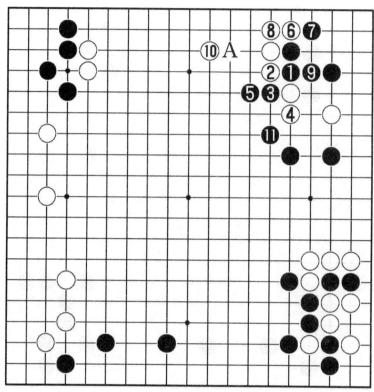

图 1-96

（图1-96）黑1、3顶断，是此际最强的攻击手段。

白4长的话，黑5也长，白被分为两块。白6、8扳粘时，黑在9位接，冷静。至黑11封，白三子被吃，黑取得了很大的成功。

白10若在11位尖，则黑占到A位，白也难受。

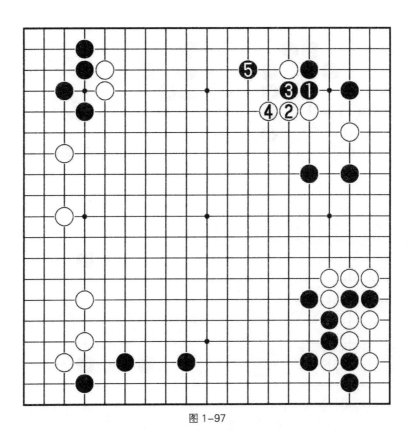

图 1-97

（图1-97）对黑1顶，如果白2退，让步，黑3、5获得很大便宜，没有不满。

请读者记住，在中盘战时，有时采用强攻，也许不讲究姿态和形反而会更好。

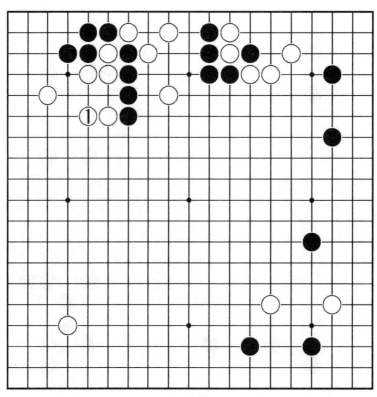

图 1-98

（图1-98）与其说白1是缓着，不如说几乎是致命的败着。

对此，黑应如何大显身手呢？请施展漂亮的攻击手筋。

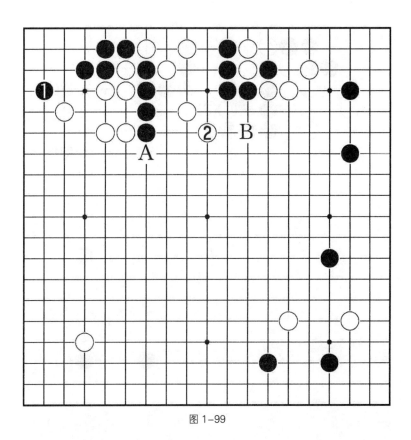

图 1-99

（图1-99）如果担心角上受攻而于1位飞补，是胆小怕事的下法。

被白2尖出后，接着白A扳和B位跳封成见合。这样，黑前景不乐
观。

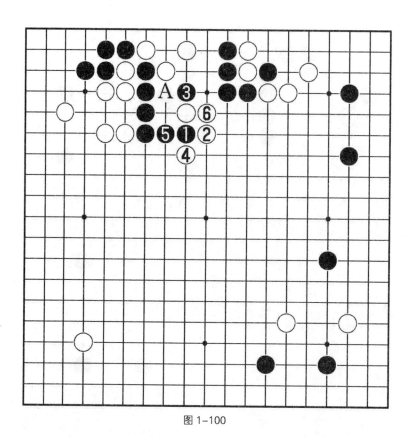

图 1-100

（图1-100）黑1靠，虽然不坏，但至白6止。白会简单地舍弃上边几子而经营中央，下一手黑大致会于A位连。这种下法，黑虽也可以，但不能算是最佳选择。

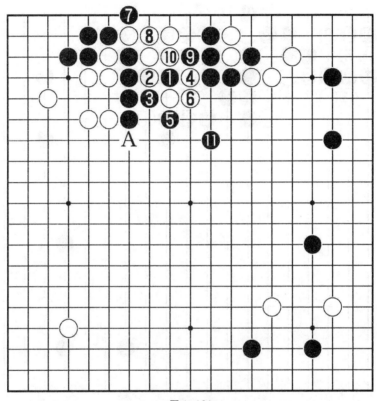

图 1-101

（图1-101）黑1直接跨断，是此际最强有力的攻击手段。

白4打吃时，黑5反打坚实。双方应对至黑11，白苦战。白4如于5位长，则黑在10位先手打，然后可在A位长出。

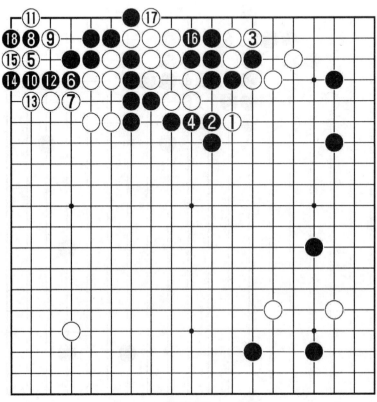

图 1-102

（图1-102）接前图的后续变化异常复杂，出人意料。

白如5位飞进，双方在角上开始对杀。白15下立时，黑走16位先手便宜后，再于18位长是行棋的关键。

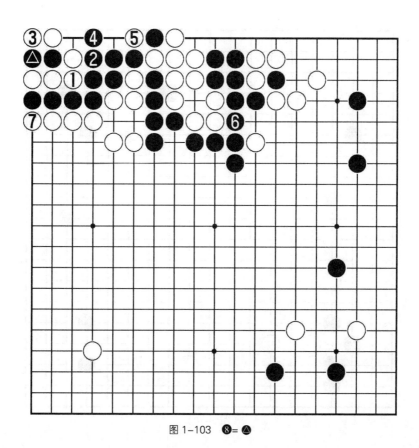

图 1-103　❽=△

（图1-103）接前图。白1粘进行顽抗，黑2以下至黑8止，白不能入子，黑快一气，白被杀。

这里的变化虽说有些复杂，但其着法也有一定的必然性。所以，如不能算到这一步，当初的跨就不能成立。

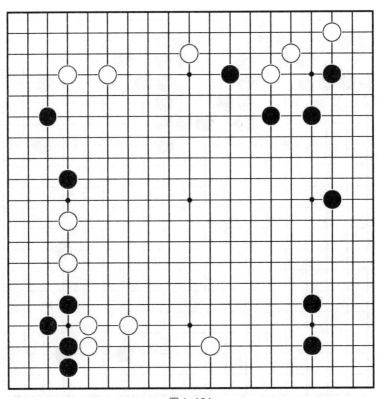

图 1-104

（图1-104）要攻击的话，当然是对左边的黑两子。先发制人的机会
到了，请抓住攻击的急所。

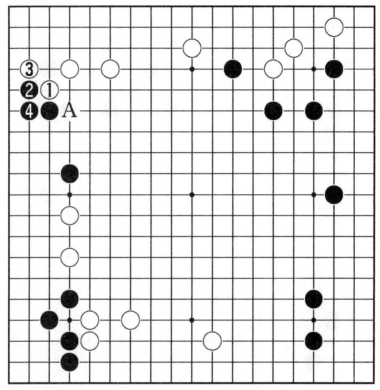

图 1–105

（图1–105）白1尖顶，是一般性的常识下法，大多数人都会考虑这样下，但却错失机会。

无论黑在A位长，还是在2、4位扳粘，白都错过了先发制人的攻击良机。

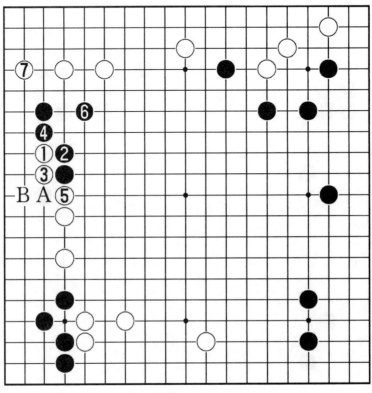

图 1-106

（图1-106）白在1位直接打入，是此际严厉的攻击手段。

黑大致会在2位压，白3、5渡回，捞空的同时也可进行攻击。黑若6位补，虽然白没有强攻的手段，但白7位的守，留有以后攻击的余味。

黑4若在A位扳，则白B位扳后，黑也无计可施。

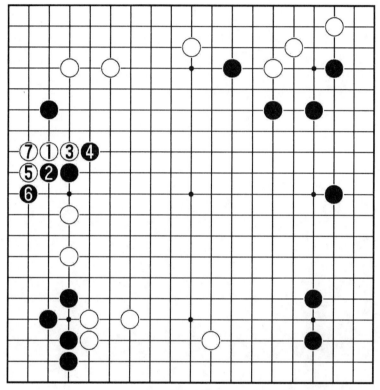

图 1-107

（图1-107）对白1打入，黑如果强行在2位挡，是无理的一手。

白先3位贴，然后再于5、7位扳粘是要领。至此，黑已不好补断，成崩溃之形。

第二章

中盘攻防的手筋

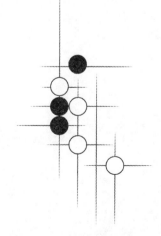

　　一局棋总是有攻有守。在子力优势的地方可以发起攻击，而处于子力劣势的局部只可加强防守。一个高明的棋手应做到能攻善守、攻守兼备。

　　特别在中盘阶段，双方棋子频繁接触，攻击、防守、腾挪，在这中间总会有各种各样的攻防手筋。如果大家在对局时没有发现攻防手筋，那是因为水平不够，往往会错失机会，胜负将受到很大影响。

　　本章向大家介绍的都是实战中出现的典型的中盘攻防手筋，具有很强的实用性。希望大家通过学习培养发现攻防手筋的能力，这对提高棋力至关重要。

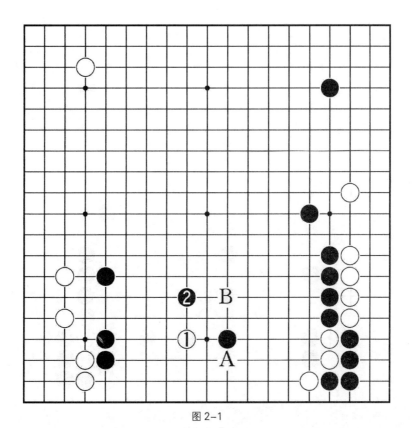

图 2-1

（图2-1）白1打入大模样，对此黑2镇。其实黑2有些无理，此时应冷静地于A位立，白2位跳，黑再在B位跳将其逐出。

由于黑2的过分，白得到腾挪的绝好机会。那么，应该怎样下呢？

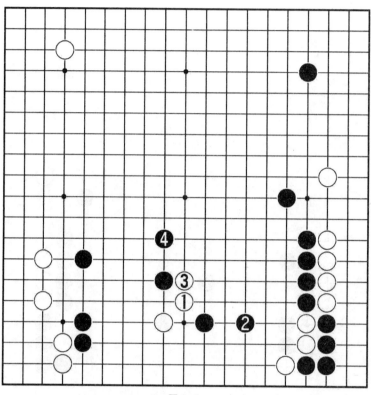

图 2-2

（图2-2）白1尖出，正是黑镇时所希望的。

黑顺势在2位跳补，味道极好，白三子已被吃。对白3贴，黑4跳，好调子。由于白的下法太重，这样的进展正是黑所期望的。

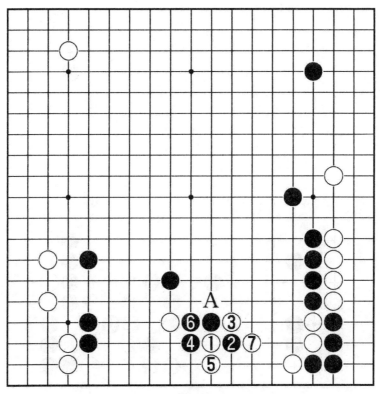

图 2-3

（图2-3）白1、3扭断，是此时的常用手筋。

黑大致只能走4、6位打粘，白7吃住一子后，白棋充分，得到腾挪。白一子虽然被吞没，但由于黑下边漏着风，所以并没有什么大不了，而黑角上还没活净，白大成功。

黑4如7位退，则白A位打，黑也不好。

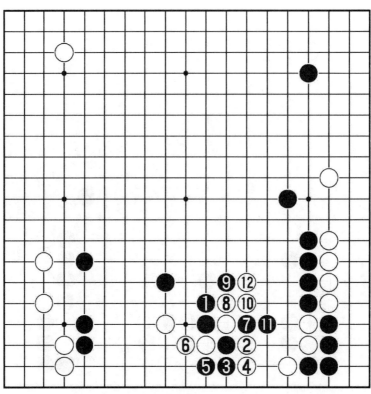

图2-4

（图2-4）对白扭断，黑1长是最强的一手。但白2、4挡下，黑还是不行。

以下即使黑7断至黑11对杀，白12曲后，黑崩溃。黑5如于8位打后再在6位打，这样弃掉两子未免太大方了，黑不好。

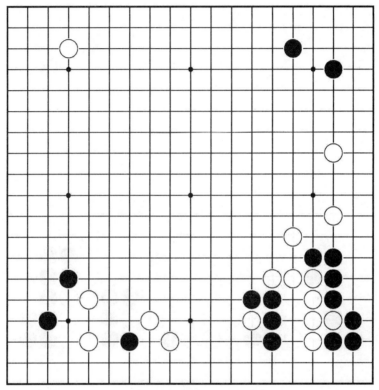

图 2-5

（图2-5）黑棋当务之急是处理下边四个黑子。

先看一下左边的配置再决定如何处理。但必须考虑以后的变化，只有第一手下对是不够的。

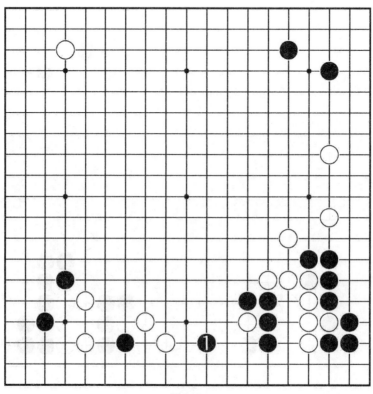

图 2-6

（图2-6）黑1拆，虽也可以安定，但过于消极。

我们应该养成习惯，下棋时一定要去追求最佳的下法，只有这样，才能下出漂亮的着法。

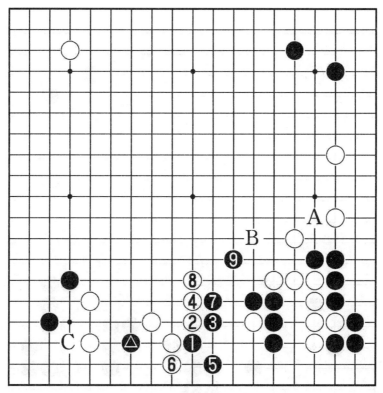

图 2-7

（图2-7）黑1碰，是此际有力的攻防手筋。

白2扳时，黑棋的第二手非常重要，如果你能发现黑3连扳的好手，则你已具备一定的水平。白棋只好4位长，黑5虎是手筋，白6立下时，黑7贴、黑9飞，黑棋顺利获得安定。

之后，由于有黑A位跨的手段，白在B位补大致如此，黑C先手尖顶后，再于左上挂角，黑充分可下。

黑棋一连串的手筋，特别是黑3的连扳，是活用黑△子的最佳手法，值得读者好好学习。

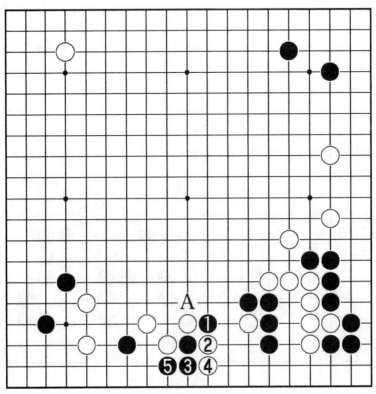

图 2-8

（图2-8）对黑1连扳，白如2位打，则无理。

黑3、5渡过后，白棋再也没有手段可施展，显然不行。白4如在5位挡，则黑A打后再4位拐打，黑仍可简单处理好。

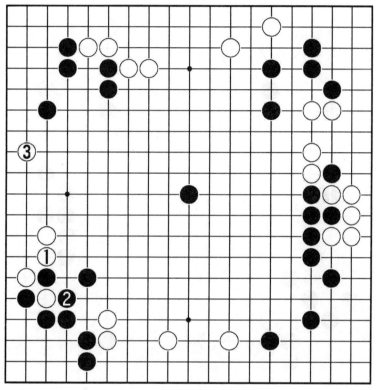

图 2-9

（图2-9）这是盘让五子棋的局面。

白1取得先手利后再在3位低飞，企图在边上获得安定。其实白3是一着很薄的棋，黑棋应怎样冲击其薄味？

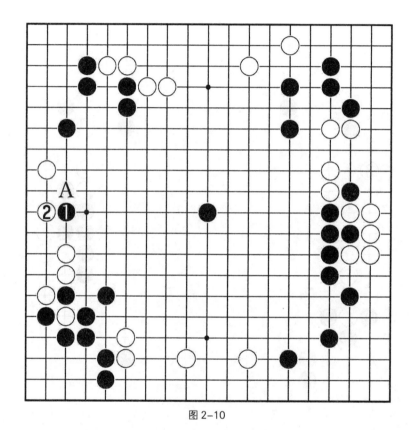

图 2-10

（图2-10）黑如走1位，这是一般人的第一感。但被白2托后，黑无计可施。黑1如下在2位，则白A位尖或1位压，黑也不好。

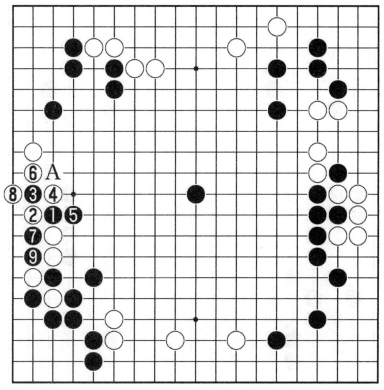

图 2-11

（图2-11）黑1碰，是有力的攻击手筋。如你能发现这手棋，说明你已具备一定的实力。

白2时，黑3连扳是和黑1相关连的好手。白4以下进行，则黑9可以吃到白三子，黑获大利。白6如在7位粘，则黑A打，也是充分之形。

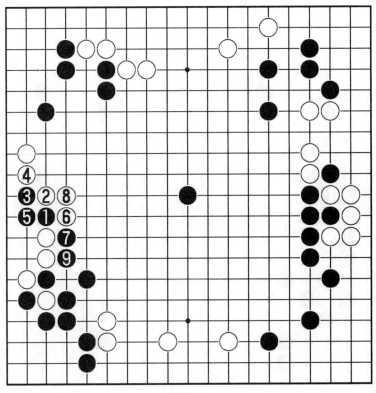

图 2-12

（图2-12）对黑1碰，白2夹是最强的抵抗手段，但白仍有好对策。

黑3下扳是巧手，白4时，黑5粘，好手。以下至黑9止。白棋不但三子被吃，而且左边白棋也没有眼位，事态更为严重。

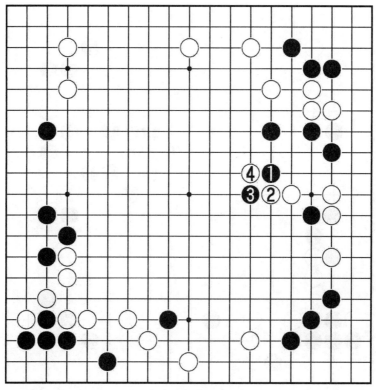

图 2-13

（图2-13）黑3扳时，白4扭断是强手，但稍显无理。

黑棋如何抓住白的无理手反击呢？如能找出正确的答案，则你一定是业余高段棋手。

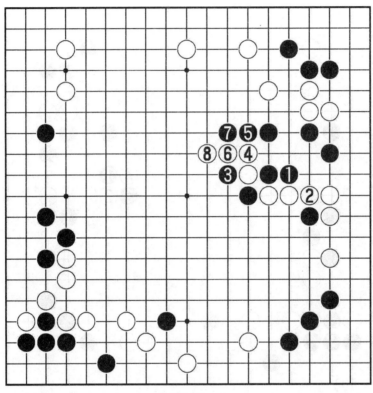

图 2-14

（图2-14）黑1贴后、黑3打，这虽是行棋的调子，但至白8长出后，黑无计可施，黑失败。

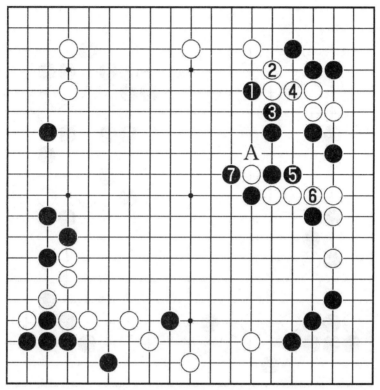

图 2-15

（图2-15）黑1靠，试对方应手是有趣的着想。

白2连，则黑3、5成为先手利，然后黑7简单吃掉白一子，黑大成功。白6如走7位或A位长，则黑于6位冲断，白棋出现大问题。

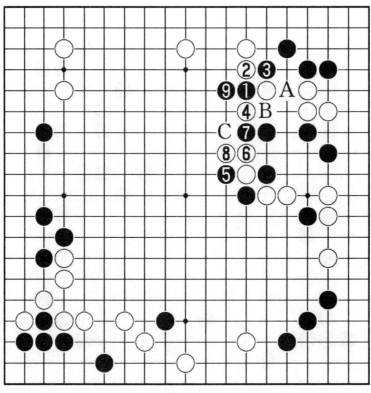

图2-16

（图2-16）对黑1靠，白2顶，黑棋必然3位断。

白4打时，黑5先打，然后再7、9冲后长出，黑棋的手法与次序都很巧妙。黑5如A位反打，虽可以吃掉右边白三子，但被白在9位提取一子，黑棋不好。

之后，白如B位粘，则黑C位冲。白如C位挡，则黑B断吃，白怎么走都不成功。

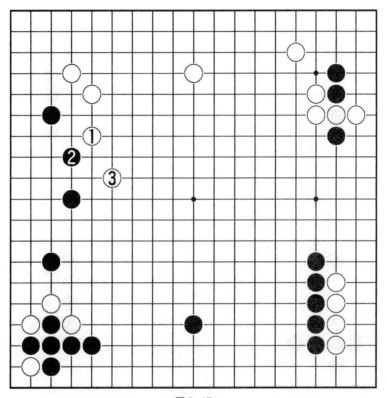

图 2-17

（图2-17）白1、3扩大上边模样，企图形成庞大实空。

黑棋能放任白成为大空？请你考虑一下，黑棋是否有深入上边白阵的手筋。

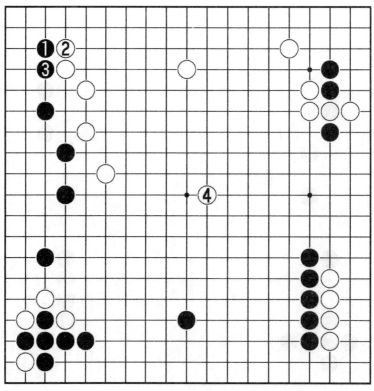

图 2-18

　　（图2-18）黑1点角虽是很大的棋，但被白2挡住后，无形之中把上边补厚，然后先手争到4位的绝好点，黑不能满意。

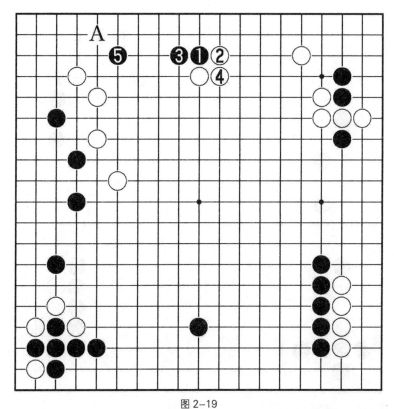

图 2-19

（图2-19）黑1托，是颇为有力的攻防手筋。

白2在右边扳，则黑3长，白4粘时，黑可于5位拆二或A位超大飞，黑简单获得安定，十分成功。

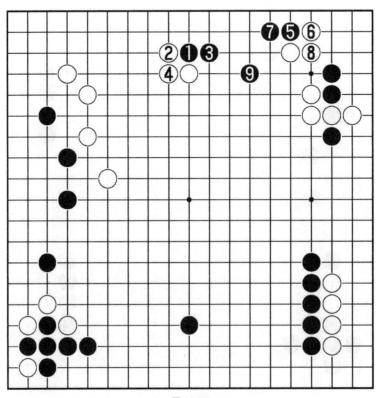

图 2-20

（图2-20）白2如从左边扳，黑仍3位长，白4补断时，黑5再托又是巧妙的手筋，之后可做活上边或角上成见合。

白如想吃掉角上两个黑子，则要走6位扳，黑7退时，白8粘不能省，黑9补一手获得安定，这种处理手法十分巧妙，黑棋大获成功。

由此可见，在对方的势力圈内作战，应尽量轻灵。

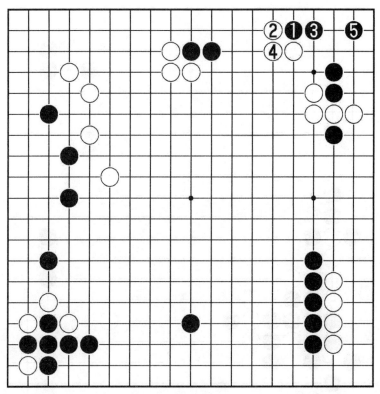

图 2-21

（图2-21）对黑1的托，白如2、4取左边，则黑5即可活角，这样也是黑棋成功。

总之，当初黑1托是十分有趣的着想，请大家好好体会并理解。

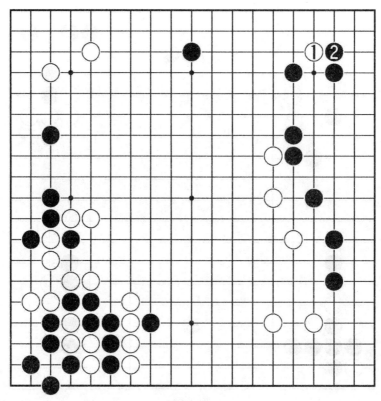

图 2-22

（图2-22）白1点，是实战中常用的试问手。

黑2挡，是重视实利的下法。此时，白应如何选择呢？绝对不能把棋下重是关键。

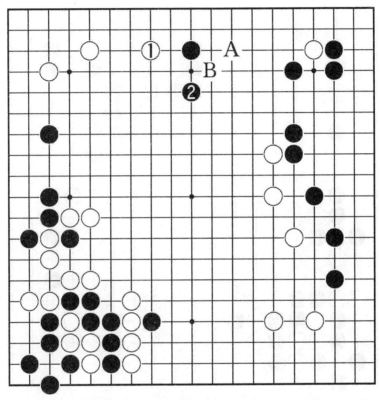

图 2-23

（图2-23）白1拆有帮黑棋之感，黑2顺势跳起，白再进上边黑空就困难了，白不能满意。

白1如在A位深入，则黑B位尖。白棋在上边即使能做活，但黑必然变厚，而下边白的大模样势必受到不利的影响，白也不会收到好效果。

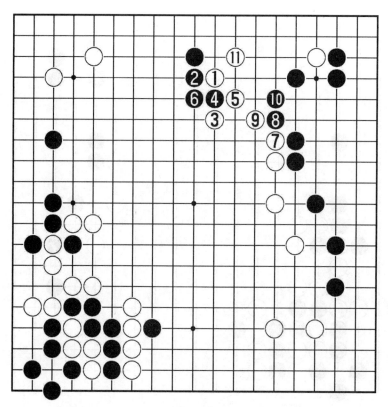

图 2-24

（图2-24）白1肩冲，是此际最适宜的着手。黑2贴时，白3跳，轻快。

以下至白11虎，白棋不但破掉了黑空，同时还威胁边上的黑棋，白充分可下。

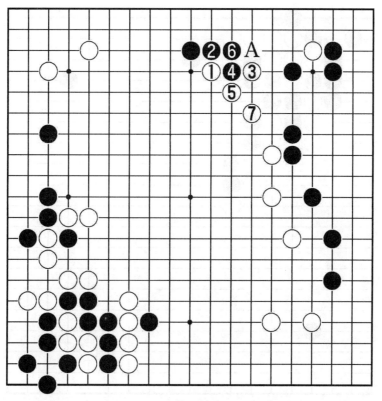

图 2-25

（图2-25）黑2爬上边，白3仍跳，黑4、6挖粘时，白7补好形。之后
A位挡很大，白也可以满意。

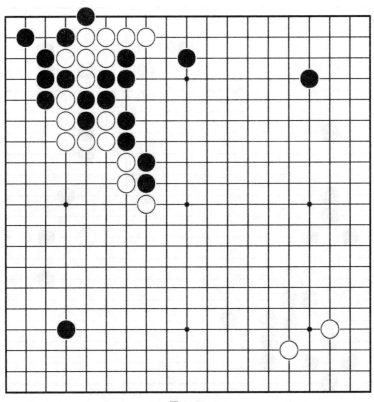

图 2-26

（图2-26）现在的当务之急，是怎样救出左上的白八子。

寻常的手段不见得有效，希望能走出非凡、漂亮的手筋。

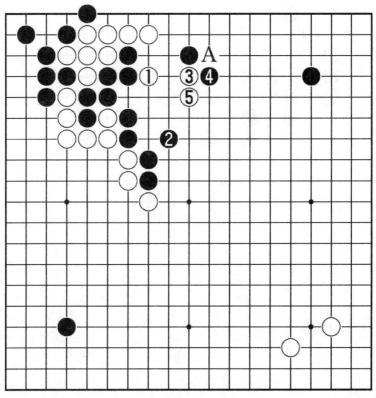

图 2-27

（图2-27）白1靠是常识性的着法。黑2虎补后，白3、5虽能压出，但不是最佳的着手。

以后黑如果脱先，白大致会在A位断。这样的话白1靠很可能会成为废子。

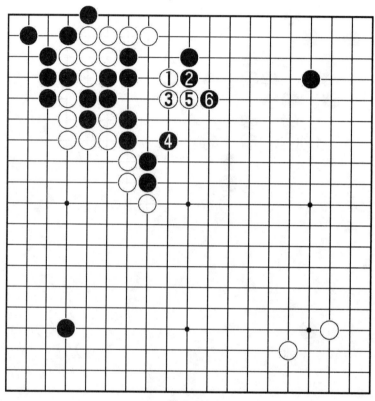

图 2-28

（图2-28）白1飞也不是手筋，而是一步大恶手。

黑2贴，有力，以下应对至黑6扳，黑实空不但大增，并且白棋出头极为不畅，白显然失败。

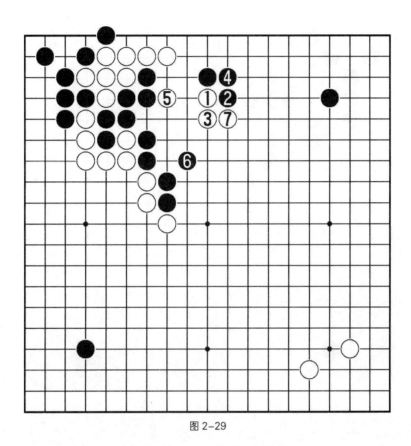

图 2-29

（图2-29）白1靠压是攻防的手筋，妙不可言。这样白八子可潇洒逸出。

黑2在右边扳，白可3位长，黑4粘，白5靠好手，黑6虎不能省略，白7拐头后，白顺利逸出，且形状也颇为舒展。

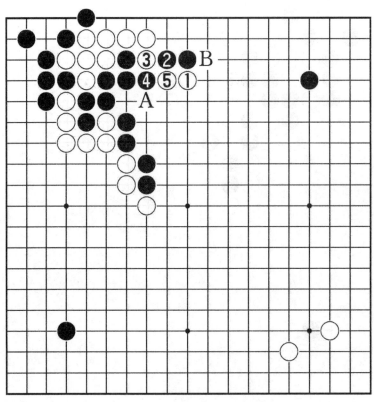

图 2-30

（图2-30）对白1靠压，黑2长出无理。

因为经白3冲，白5位断后，A和B两点白必得其一，黑失败。

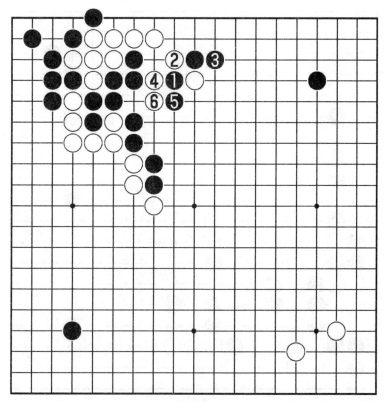

图 2-31

（图2-31）黑1在左边扳，也是无理手。

白2断，必然，黑3长时，白4、6冲出后，黑溃败。

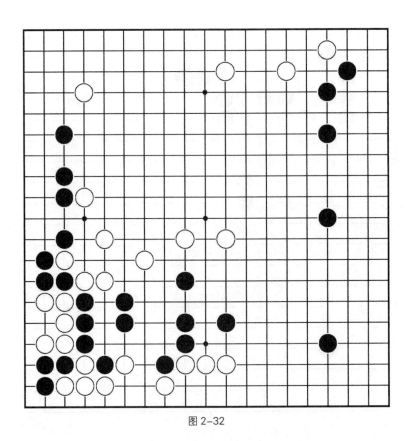

图 2-32

（图2-32）现在的焦点在左上角。考虑到左边黑棋相当坚实，应采取严厉的手段进攻白角上一子。请打破一般行棋的思路。

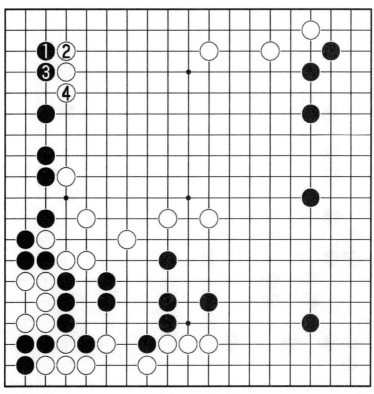

图 2-33

（图2-33）黑1点"三·3"，是常识性下法，但由于左边黑棋已很坚实，明显过于教条。

白2挡至4长后，顺势加强角部，而黑显然有重复之感，黑不充分。

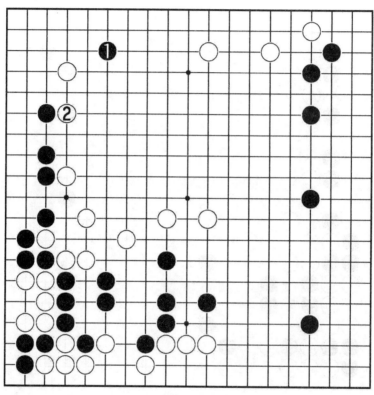

图 2-34

（图2-34）黑1飞挂成双飞燕，也不够严厉。

被白2压后，局势将不明朗。不论将来作战如何，白都不会太差。

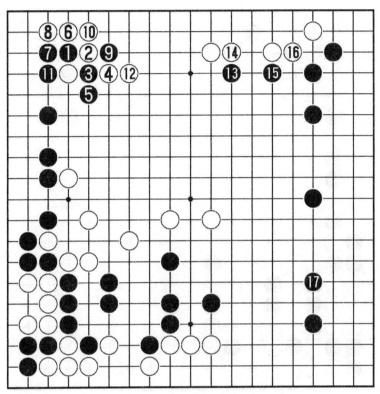

图 2-35

（图2-35）黑1托靠是攻防的手筋，十分严厉。

白2外扳，黑3断又是好手。白4、6妥协，不得已。以下至黑11止，白12须后手补。黑获先手后，黑13、15先手利，然后17位守角。黑取得了巨大的成功。

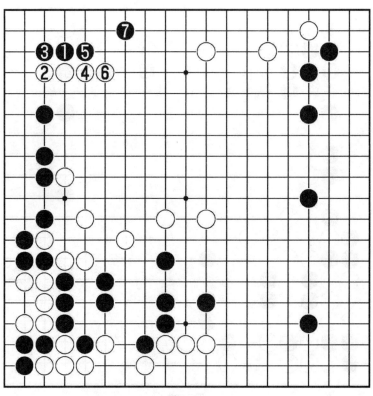

图 2-36

（图2-36）对黑1，白2长，黑3至黑7是要领。相当于黑点角时，白在2位挡，方向明显有误。

至此，白筑起了一堵无用之壁，这就是所谓的劳而无功，黑显然大获成功。

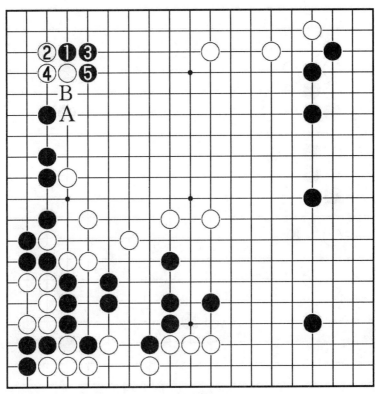

图 2-37

（图2-37）白2内扳，则黑3长是有趣的一手棋。

白4粘时，被黑5曲一手，白十分难受。以后，白如A位靠，则黑B位挖断。

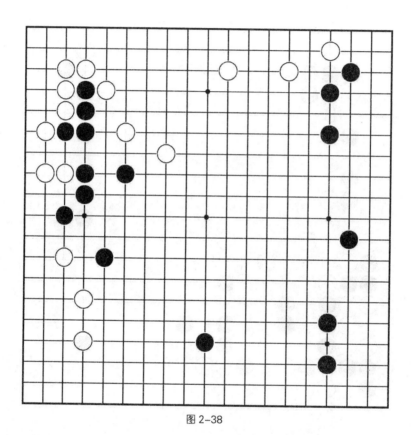

图 2-38

（图2-38）上边一带的白模样庞大，但白中间的两个小飞有一定薄弱性。

请黑棋抓住白的薄弱处，进行有力的冲击。

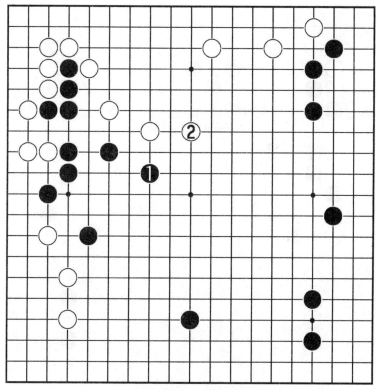

图 2-39

　　（图2-39）黑如果担心左边黑棋受攻而于1位飞，这未免太过于软弱和悠闲了。

　　白2跳补后，上边就难以入侵了。至此，白形相当舒畅，黑当然不能忍受。

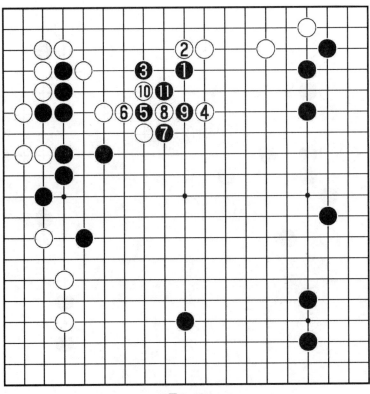

图 2-40

（图2-40）黑1肩冲，时机绝好。

白2长，黑3跳，轻快。白强行在4位封，黑5碰是腾挪的手筋。白8断打时，黑9、11抱打是要领。至此，黑充分可战。

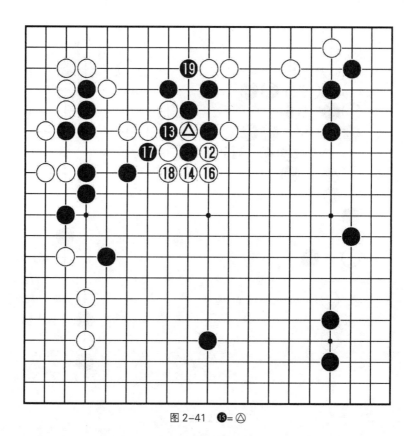

图 2-41 ⑮=△

（图2-41）接前图。白如施展12、14位抱打，准备封锁黑棋。
但以下至黑19虎下，黑做活已不成问题，当然可以心满意足。

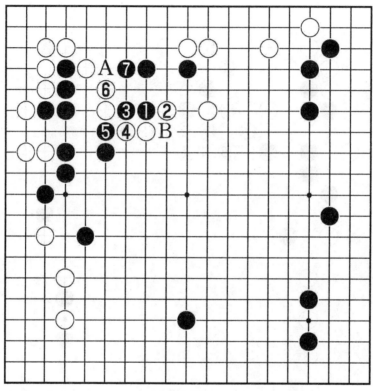

图 2-42

（图2-42）对于黑1碰，白2扳，则经黑3顶、黑5断，至黑7双后，黑于A位断吃白两子和于B位切断白棋成见合，白肯定不行。

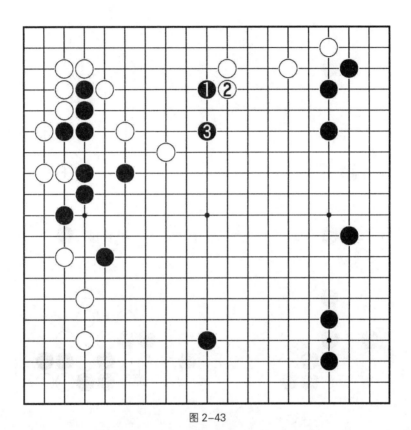

图 2-43

（图2-43）黑1肩冲时，白2贴出，黑3跳出是要领。

这样，左边白连飞后的薄味就暴露无遗了。

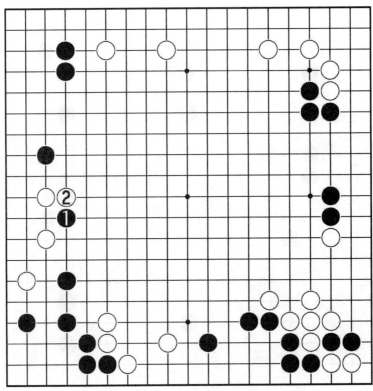

图 2-44

（图2-44）黑1点时，白2贴出。黑棋当然要继续在左边着手，但不必使用小技巧，以普通的手法应对即可。

黑棋只要取得攻击的调子就可成功。

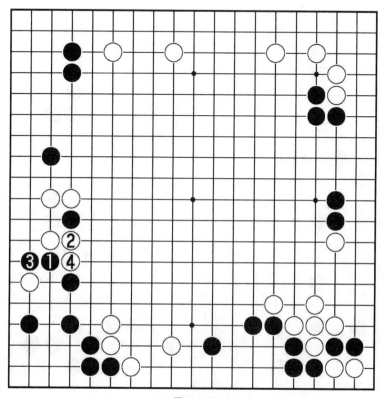

图 2-45

（图2-45）黑1小尖，不好。白棋当然不会在3位挡，而是于2位长出，有力。

黑3虽可吃到白一个子，但白4挤是先手，只要把中央走厚，便可在左上角打入，黑不能满意。黑棋过于重视局部的得失，是失败的主要原因。

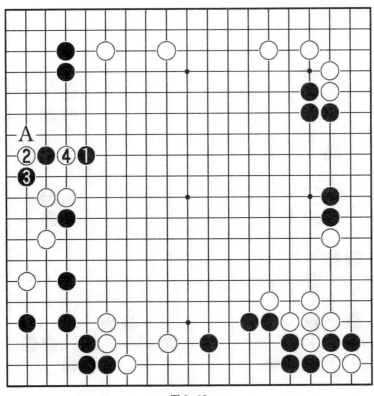

图 2-46

（图2-46）黑如1位单跳，则白2托，时机绝好。

黑3反扳，则白4挖，黑无计可施，白棋很容易处理。黑3如在A位扳，则白3位退，左边白棋大致已获安定。

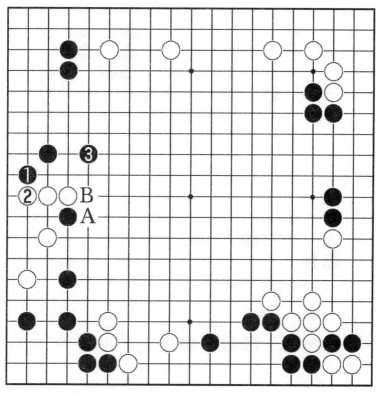

图 2-47

（图2-47）黑1先尖是好棋，白2只好挡，否则黑棋有冲断的手段，白2当然也可A位扳。

黑3跳起后，一边强化左上角，一边继续攻击，是行棋的绝好调子。

之后，黑有B位扳的手段，白仍须跑出，加之下边白棋尚未安定，黑充分可下。

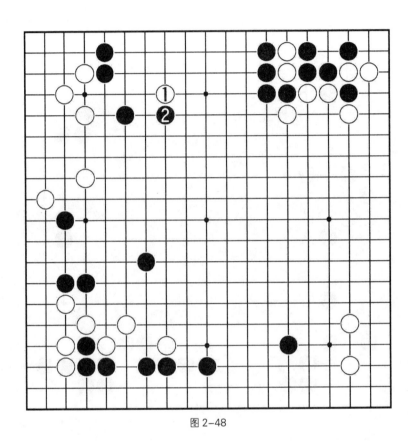

图 2-48

（图2-48）白1打入，黑2压，稍显无理。对此，白棋应如何处理上边呢？

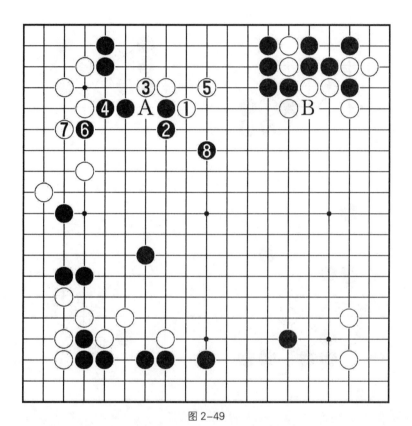

图 2-49

（图2-49）白1扳是笨重的着手，黑2、4时，白5位补断，则黑6先手扳后可防A位冲断，然后黑8飞，上边白棋受攻。由于黑还有B位断点，白棋陷入苦境。

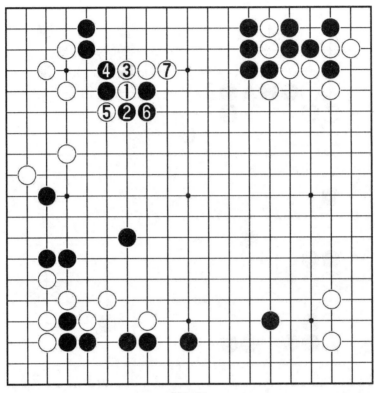

图 2-50

（图2-50）白1挖是攻防的手筋，颇为有力。

黑如2位打后再强行4位挡，则白5断，黑6粘时，白7长。之后双方形成难解的攻杀，但白作战肯定有利。

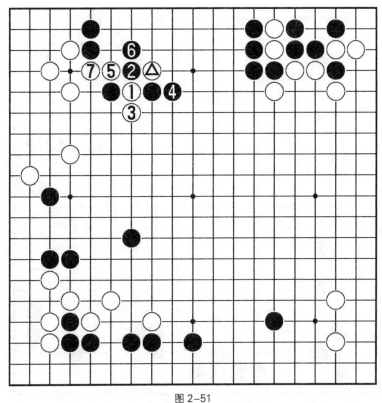

图 2-51

（图2-51）对白1挖，黑2、4是最佳应手。

但白5、7先手分断黑一子很愉快，白棋虽也损失了◎子，但双方对比之后，还是白棋充分。白棋不必过于重视打入的◎子，否则太重。

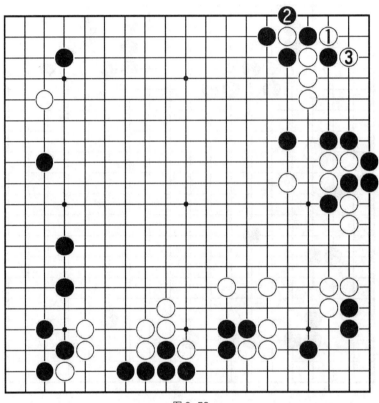

图 2-52

（图2-52）白1、3断吃一子后，黑棋的下一手如何应呢？

请注意，黑棋的当务之急是整形右边，在上边如能获利，黑即可掌握全局主动权。

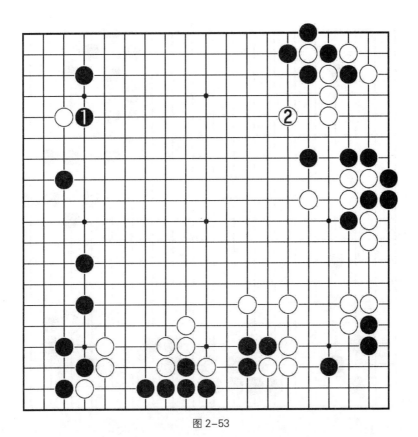

图 2-53

（图2-53），黑1压，虽是一步很大的棋，但有脱离主战场之感。
被白2跳出，黑棋上边和下边被分成两块弱棋，黑作战肯定不利。

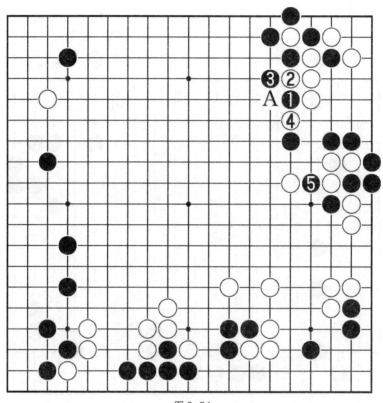

图 2-54

（图2-54）黑1靠，是攻防的手筋。

白如2位冲后、4位打，则黑5从下边挖是手筋。白不能在A位提，因黑上边已是活棋，被黑提三子后，白成崩溃之形。

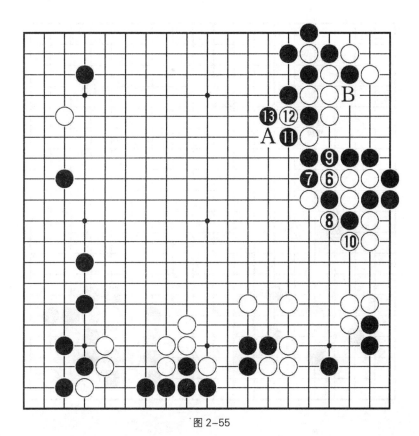

图 2-55

（图2-55）接前图。白6只此一手，黑7、9先手利后，再于11、13位抱打相当严厉。由于此劫对白也很重，所以白大致会粘上，黑A接后，白仍须B位补活，黑大便宜。

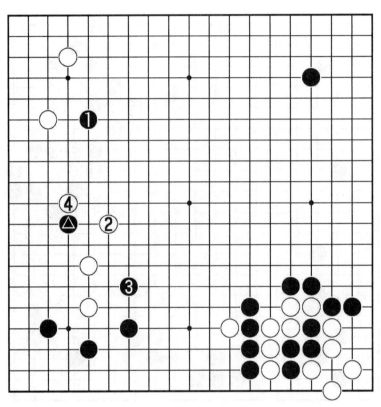

图 2-56

（图2-56）黑1镇，白也2位镇，黑3跳扩大下边模样时，白4靠，黑棋如何处理▲子呢？

黑棋在处理时，不能忘记上边黑1一子的存在。

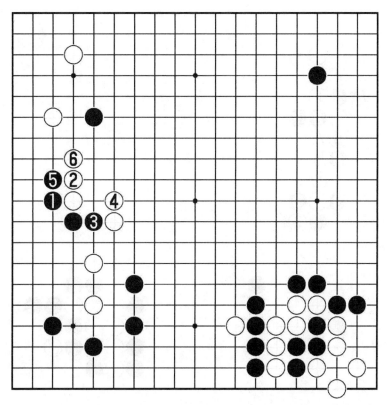

图 2-57

（图2-57）黑1扳是无谋的一手，这也是白所期望的下法。

白2退，必然，以下至白6长，黑做活没问题，但上边一子已失去作用，黑不能满意。

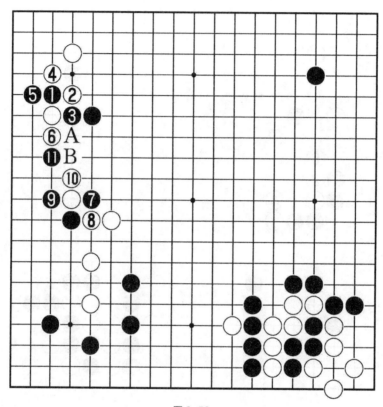

图 2-58

（图2-58）黑1从角上靠是攻防的手筋。白2、4应，黑5是弃子妙着。白6长，黑的准备工作已做好。

黑7扳出，白8断时，黑9、11是巧妙的手法，白已无从应对。之后，A和B两点成见合，黑总能吃掉白棋一边。

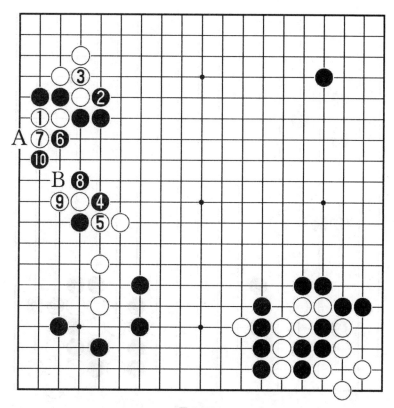

图 2-59

（图2-59）前图白6如于本图1位挡，则黑2先手打吃后，再于4位扳出仍很有力。

白5断时，黑6、8、10的次序相当巧妙。以下A、B两点仍成见合，白十分难受。

黑8于9位打也是有力的着法。

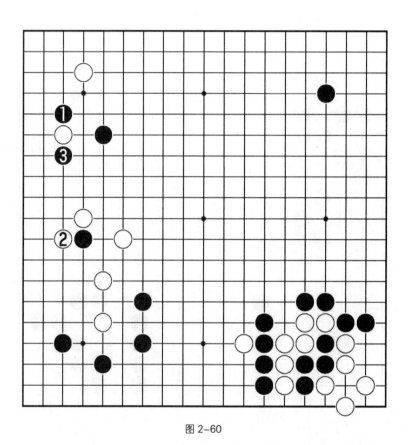

图 2-60

（图2-60）黑1靠时，白2把毛病补掉，黑3夹后，黑也充分可下。

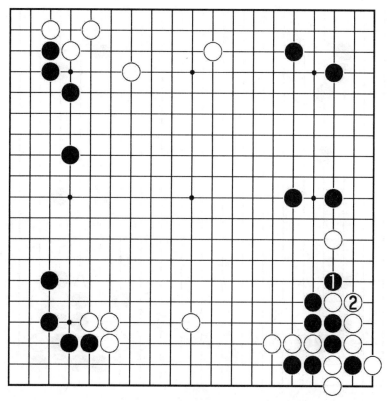

图 2-61

（图2-61）黑1打，白2粘。黑棋有没有轻灵的手段？

现在，正是黑棋使用手筋的绝好时机。

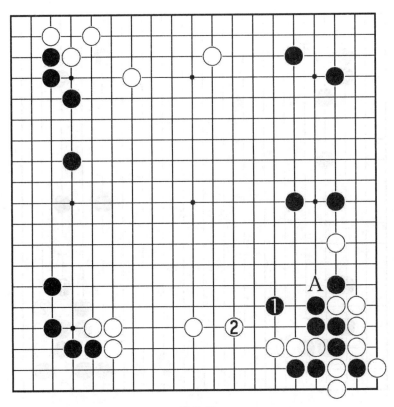

图 2-62

（图2-62）黑1跳，是单调乏味的一手，毫无趣味可言。

被白2顺势补上，黑无计可施，而且仍留有A位断的缺陷，黑显然失

败。

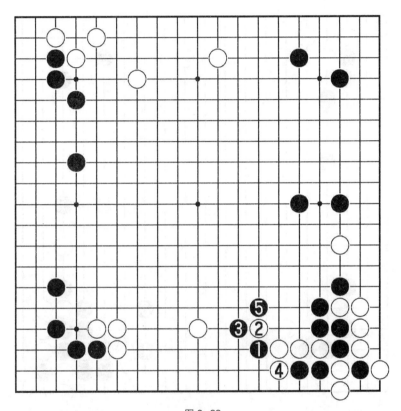

图 2-63

（图2-63）黑1顶碰是十分漂亮的手筋，试白棋的应手。

白2扳，则黑3连扳，严厉，白4只能补，黑5打是舒服的先手利。白4如在5位长，则黑4渡过后，在下边可简单做活，白不行。

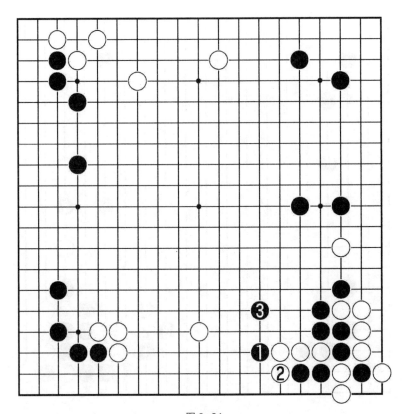

图 2-64

（图2-64）黑1顶碰时，白2单拐，则黑3轻快地跳出，也可下。

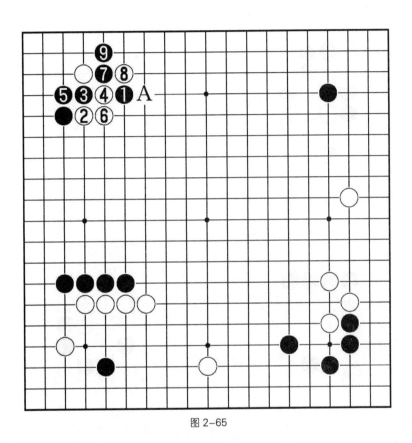

图 2-65

（图2-65）毋庸置疑，战斗的焦点位于左上角。在大斜定式进行的过程中，白A征吃好吗？请根据全局的配置选择最恰当的下法。

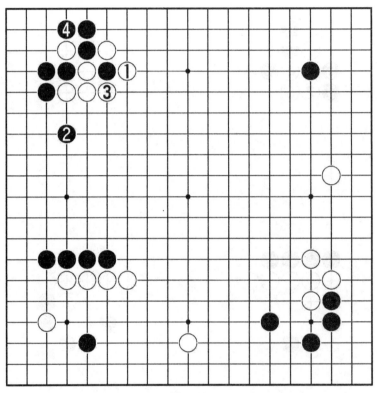

图 2-66

（图2-66）白1征吃是基本定式，但此时却过于教条。

黑在2位飞出必然，这样与下边黑四子成绝好的配置，白不能满意。

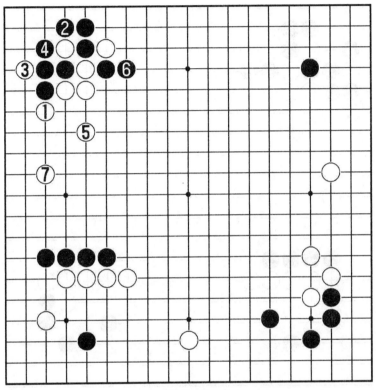

图 2-67

（图2-67）白1扳，是随机应变的好手。

黑2拐，大致如此。白3托是巧妙的手筋，黑4提无奈，然后白5、7形成好形。虽然黑在上边取得一些实利，但白可攻击下边黑棋四子，白可以满足。

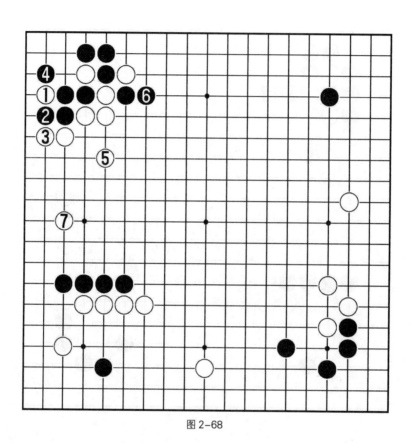

图 2-68

（图2-68）前图黑4如不提而改于本图2位拐下，则白3挡变成先手。

以下至白7止，白棋得到进一步强化，黑更不好。

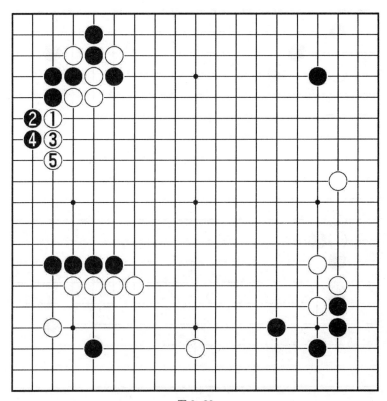

图 2-69

（图2-69）白1扳时，黑2扳，则白3简单长便不坏。

以下至白5长，黑角上不但留有各种余味，且下边四子也变得毫无价值。

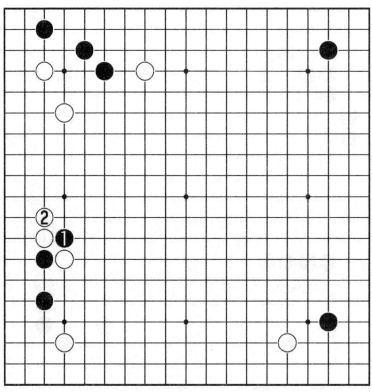

图 2-70

（图2-70）左下角黑1断，白2长后，黑的攻击要点在哪里呢？
此场合有常用的手筋可施展。

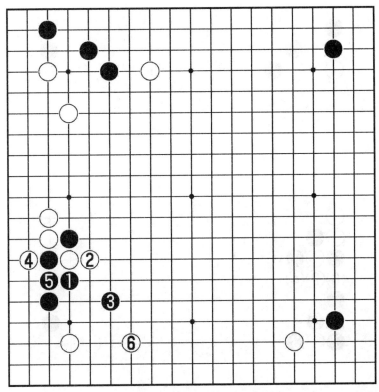

图 2-71

（图2-71）黑1打是典型的俗手。

以下至白6止，黑形重滞，难以处理。另外，对于白4打，黑5只得
粘，成愚形三角，黑难以忍受。

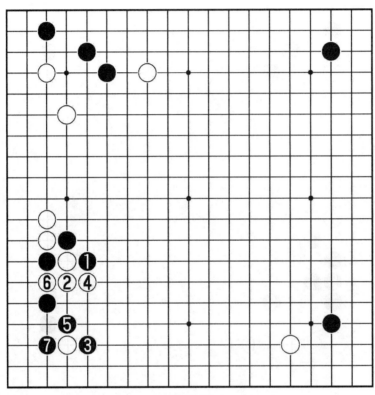

图 2-72

（图2-72）黑1从上边打，白2长，黑3靠虽是局部手筋，但白4拐出后，黑显然损了。

以下至黑7打后，虽然黑角上基本安定，但白6先手吃住一子，白大为满足。

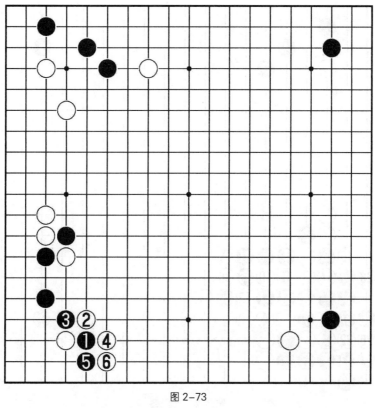

图 2-73

（图2-73）黑1单靠，试白应手，是极为漂亮的攻防手筋。

白2扳进行反击，黑3断，以下进行至白6成必然。之后的变化较为复杂。

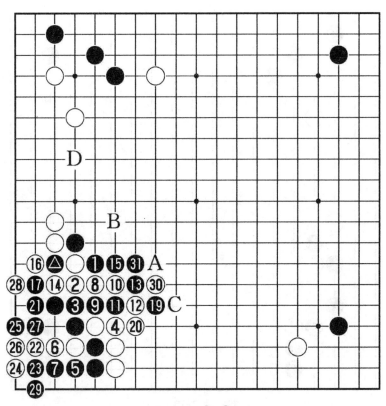

图 2-74　⑱=△

（图2-74）接前图。黑1打、黑3团，是好次序。

白4粘必然，以下应对至黑31后，大致会走成白A、黑B、白C、黑D的变化，黑充分可战。

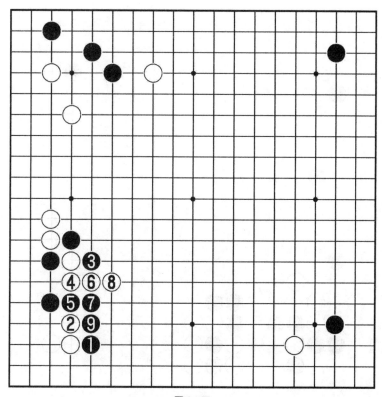

图 2-75

（图2-75）黑1靠时，白如于2位长，黑3打后再5位冲是绝好的调子。以下至黑9止大致如此，黑吃掉角上白两子十分满意。

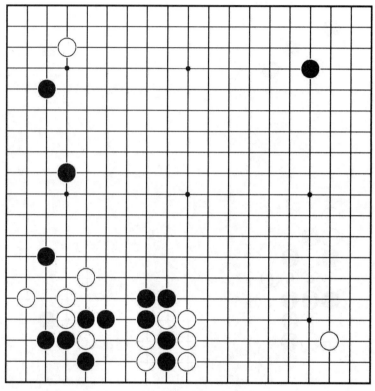

图 2-76

（图2-76）左下角四个白子的处境已很危险，白如何进行腾挪呢？
请认真思考，白有巧妙的处理手筋。

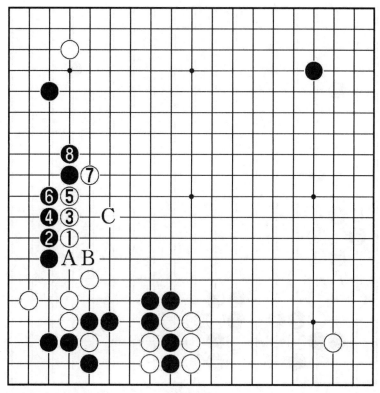

图 2-77

（图2-77）白1飞压，是典型的俗手。

黑2以下至黑8势成必然。左边黑阵自然强化，而白外边并不厚实，以后还留有黑A冲，白B、黑C点的攻击手段。

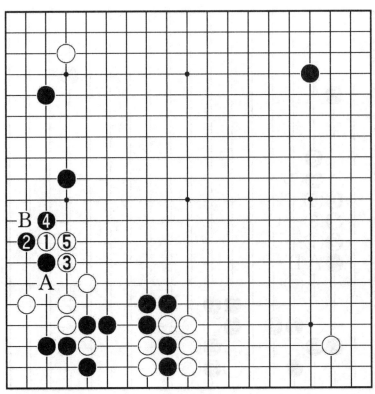

图 2-78

（图2-78）白1靠，是巧妙的腾挪手筋。

黑如在2位扳，则白3、5扳粘，形状厚实。之后，黑A长不能成立，白B断后，黑无应手。

黑2如在5位上扳，则白3位扭断即可。

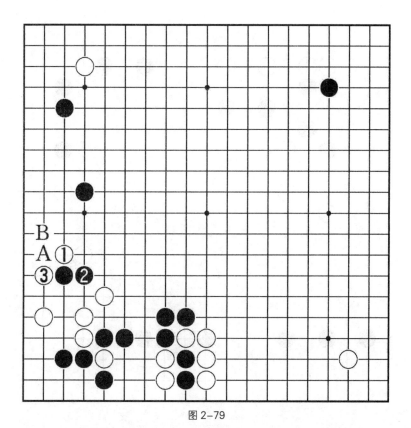

图 2-79

　　（图2-79）对白1靠，黑2长是笨重的着手，白3扳可简单渡过。之后，黑如A位断，则白B打，并没有事。这个结果，白棋处理得相当成功。

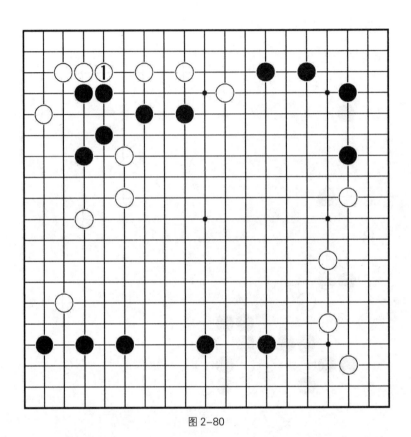

图 2-80

（图2-80）白1渡过后，左上黑棋尚无眼位，如单跳，则无胜机。

请你考虑一下黑棋的攻防手筋。

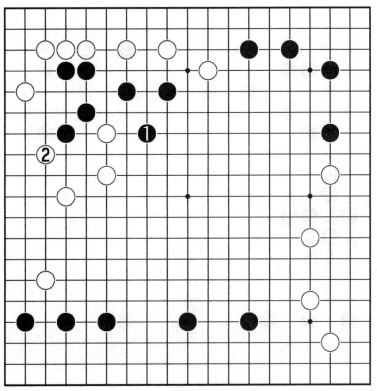

图 2-81

（图2-81）黑1单飞，是乏味的一手。

被白2飞搜根后，黑整块棋仍处于不安定状态，前景不容乐观。

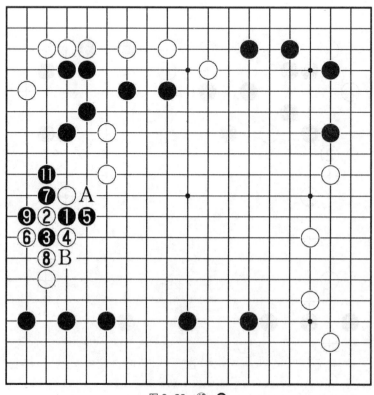

图 2-82 ⑩=❸

　　（图2-82）左上黑棋虽很弱，但左边白棋的形态也是有缺陷的。所以，黑1碰，是此际绝好的攻防手筋。

　　白2扳，则黑3连扳，严厉。白4、6时，黑7以下分断必然，至黑11的结果，黑棋大获成功。白2如A位长，则黑B跳，整块白棋都没有眼位。

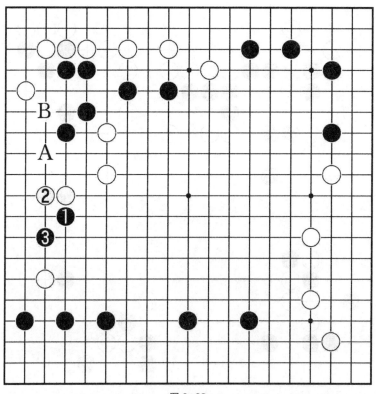

图 2-83

（图2-83）白2立下，则黑3尖是手筋，白作战并无大把握。

之后，黑A位尖是一边阻白渡过，一边冲击白形之缺陷的好棋。同时再走B位，就有眼位了。

由此看出，只担心自己的生存是无法抓住胜机时，有时采取大胆的行动是必要的。

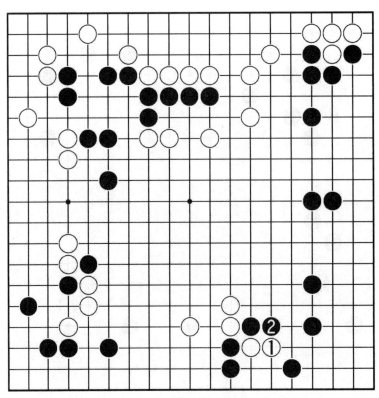

图 2-84

（图2-84）白1长，黑2压是强手。白棋如送掉这两子，则损失太大。
白棋有没有手筋可施展呢？

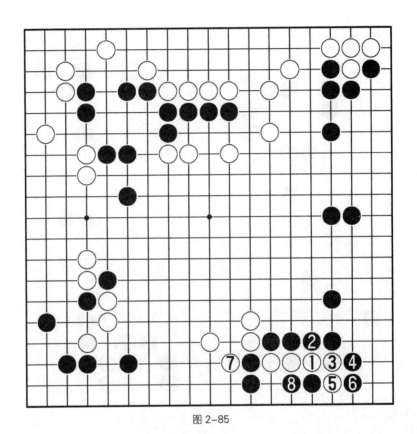

图 2-85

　　（图2-85）白1长，是笨重的下法。黑2以下至黑8止，白棋被吃。白5如改在6位扳，则黑5位断，白也不行。

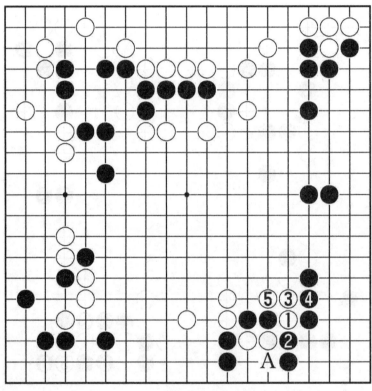

图 2-86

（图2-86）白1挖，是攻防的手筋。黑棋只好在2位断打，白3、黑4时，白5反而吃到黑两子，可以满足。

黑4如走A位，虽可吃到白两子，但白4冲下后，黑右边阵势被冲破。

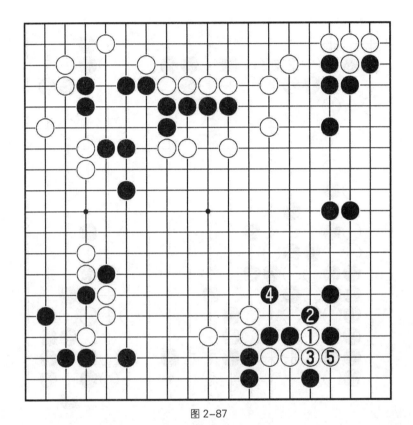

图 2-87

（图2-87）白1挖时，黑棋不能在2位打。以下至白5拐后，黑已无法吃白。

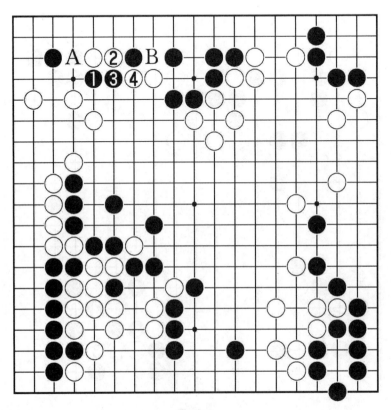

图 2-88

（图2-88）黑1靠，白2顶，黑3挡时，白4断。此时，黑如A位顶，则白B冲打，这样左右两块黑棋都很危险。

请你想出一手能使两块黑棋获得安定的手筋。

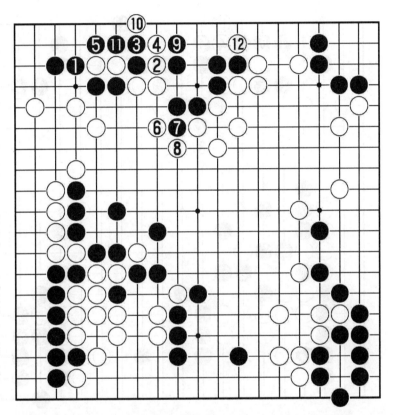

图 2-89

（图2-89）黑1顶，是无谋的一手，这也是一般人的第一感。

白2冲下是必然的一手，先手后再于6位封相当严厉。由于黑9不是先手，至白12扳，黑整块棋被吃，显然失败。

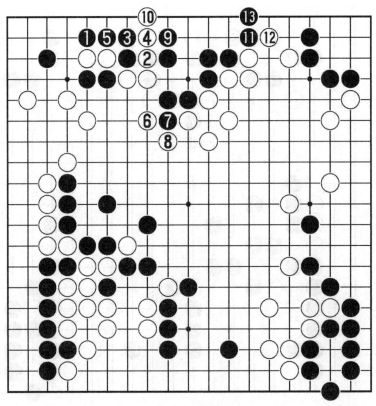

图 2-90

（图2-90）黑1托夹，是巧妙的攻防手筋。

白2、4、6企图吃掉右边黑棋，但由于此时黑9是先手夹，然后再于

11、13扳立即可做活。

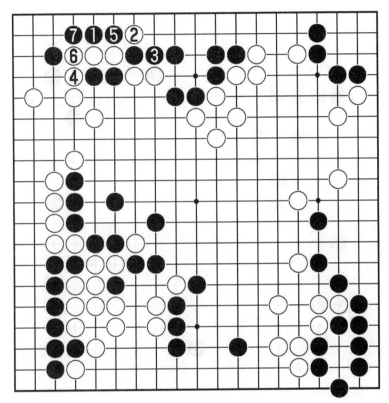

图 2-91

（图2-91）对黑1，白2、4应，则黑5、7可渡过，也是充分之形。

白2如5位挡，则黑2夹后，白不行。

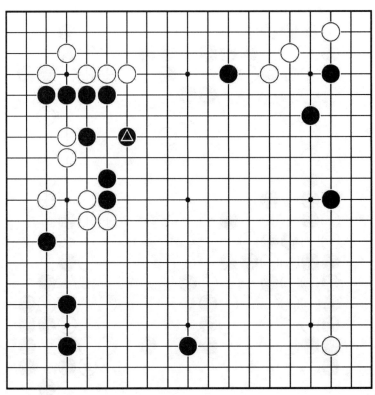

图 2-92

（图2-92）黑△跳补后，让白有机可乘。白应着眼于黑的薄弱处。
请注意左下方黑的缺陷。

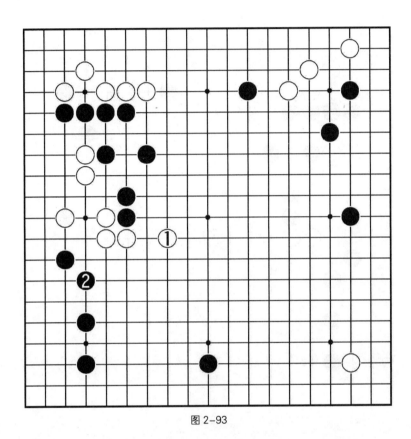

图 2-93

（图2-93）白1跳，是胆小怕事的软弱下法，错失良机。

黑2补后，白不能满意。

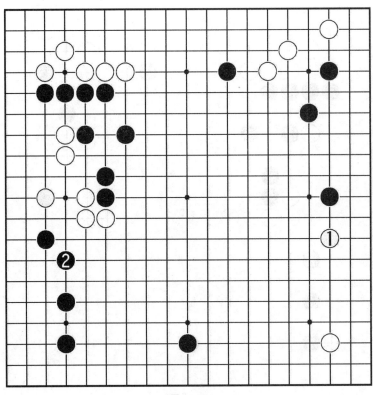

图 2-94

（图2-94）白1占大场，有脱离主战场之感。黑立即走2位，既补强自身，又攻击左边白六子，黑十分充分。由此看出，黑2的价值很大，是占据急所的一着。

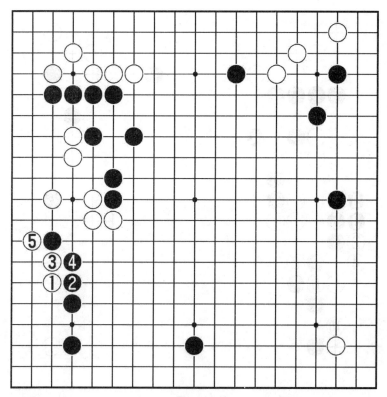

图 2-95

（图2-95）白1直接打入，是攻防的急所，正是时机。

黑2压不得已，以下至白5扳渡，白成功。从而使左边不安定的白棋有了根基。

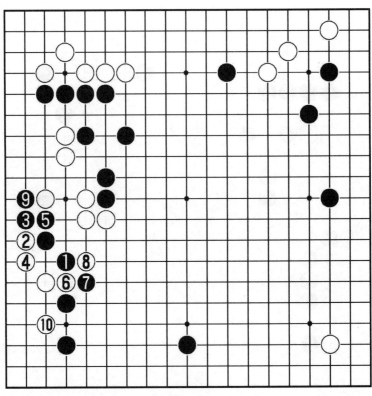

图 2-96

（图2-96）对于白的打入，黑1尖封无理。

白2、4好次序，至黑7挡后，被白8一断，黑苦不堪言，只得于9位
爬，但被白10点后，黑明显不好。

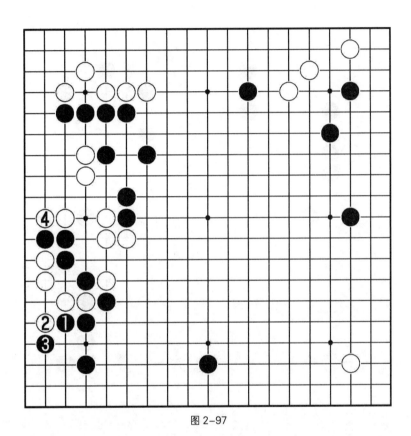

图 2-97

（图2-97）前图黑9如改在本图的1位挡下，则白2扳虎先手利后，再于4位夹，黑四子被吃。因此，黑不能太过用强。

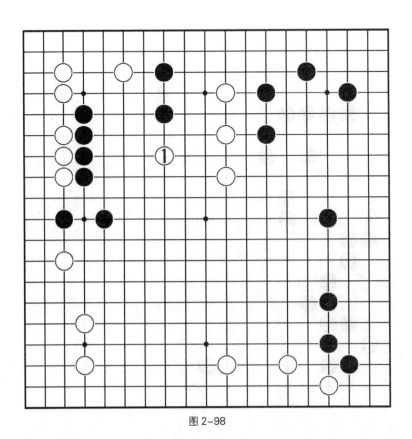

图2-98

（图2-98）上边的白1镇，锋芒毕露，逼攻黑两子。黑若只顾逃命，可谓无谋。

请找出攻防的手筋。

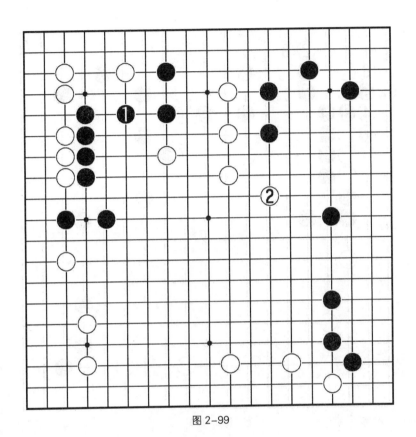

图 2-99

（图2-99）黑1平凡地联络，没能抓住良机，白可脱先抢占2位的绝好点。

对此难得的机会，黑本应充分利用，可惜错过了。

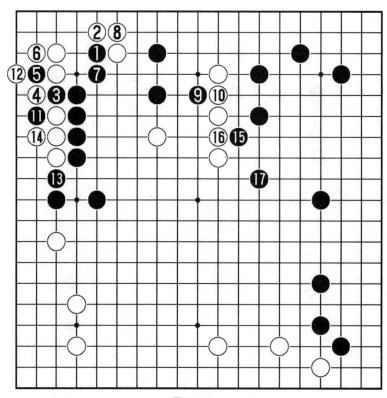

图 2-100

（图2-100）平凡地逃不会获得期望的好结果。所以，黑1靠是此际攻防的手筋。

白2扳必然，黑3、5冲断试白应手，次序绝好。白6打吃，以下至黑13顶成先手，然后黑再于17位围空，并顺势攻击白整块棋，黑成十分顺畅的好调。

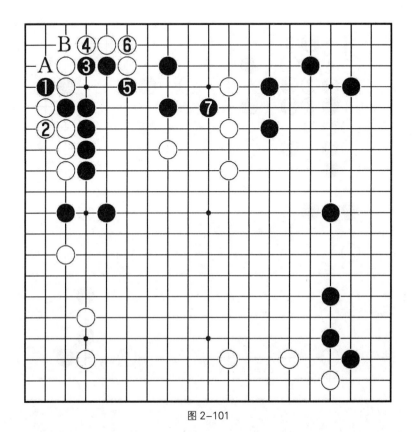

图 2-101

（图2-101）对黑1的断，白如改于本图2位粘较好。接着黑3顶、5扳定形后，黑7回头一刺，仍可攻击白四子。

将来，黑A与白B交换后，角上还有各种利用。

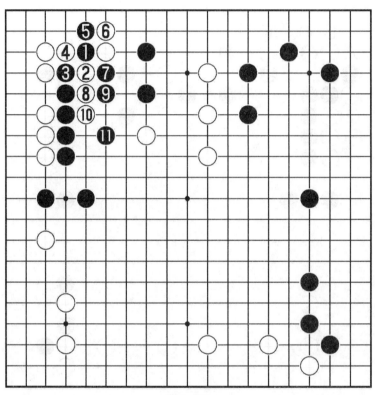

图 2-102

（图2-102）对黑1靠，如果白2上扳，明显是无理手。

白6挡后，黑7以下至黑11枷封止，黑外围太厚，一举确定了胜势。

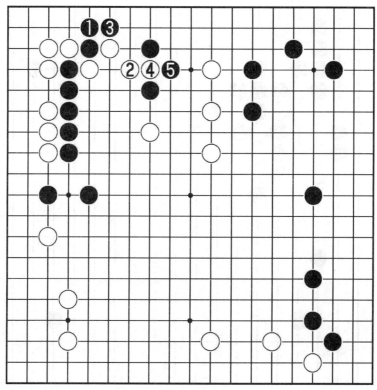

图 2-103

（图2-103）前图白6如改于本图2位虎刺，结果将更糟。

黑3曲、黑5挡后，白陷入困境。

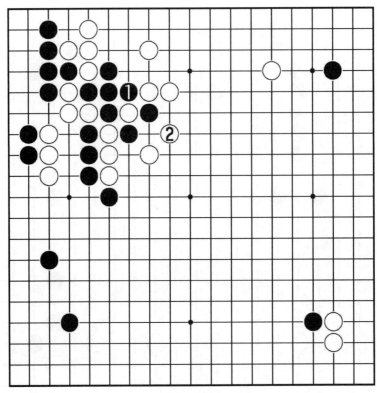

图 2-104

（图2-104）黑1提一子，白2强行封锁，是带有欺骗性的无理手。整块黑棋能不能逃出重围呢？

如能成功逃出，则左边白棋危险。

此时是生死关头，黑棋千万不能草率行事。

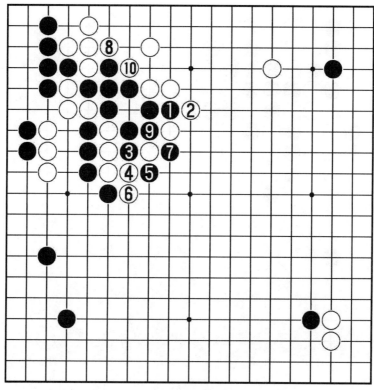

图 2-105

（图2-105）黑1以下盲目乱冲，其结果必将以失败告终。

以下进行至白10成必然，黑棋五子成接不归而被吃。由于白全体获得连通，黑棋大失败。

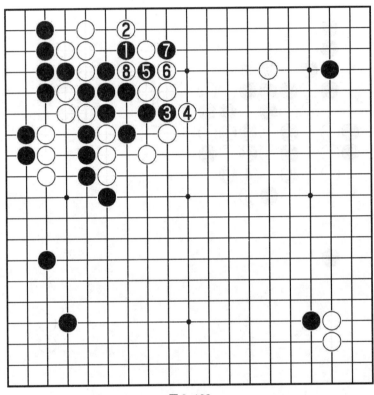

图 2-106

（图2-106）黑1先尖是绝好的次序，白2挡时，黑3、5、7与白进行劫争相当有力。因黑棋有很多本身劫材，所以，黑不怕打劫。

请读者注意，在打劫时，特别是在打大劫时务必先把劫材算清楚，否则，可能会损失惨重。

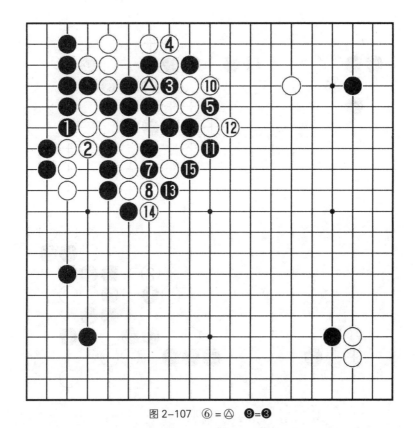

图 2-107　⑥ = △　❾=❸

　　（图2-107）接前图。白△提劫后，黑1是绝好的本身劫，白2当然不能舍弃。黑3提劫时，白4也只好粘。

　　之后，黑7冲打又是漂亮的本身劫，以下至黑15吃掉白两子，黑大获成功。

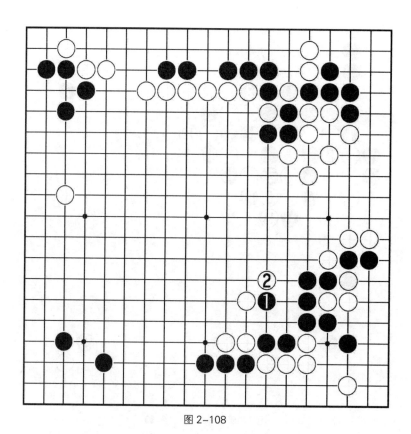

图 2-108

（图2-108）黑1靠时，白2扳是无理手，但黑棋如果应错，则反而陷入苦境。

请充分利用白棋的各处断点的缺陷。

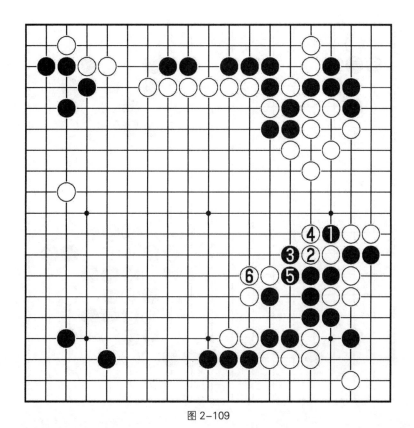

图 2-109

（图2-109）黑1断打后，再于3位打，是典型的俗手。

以下至白6粘，黑棋虽可以跑出，但对白棋不会有丝毫影响，黑失败。

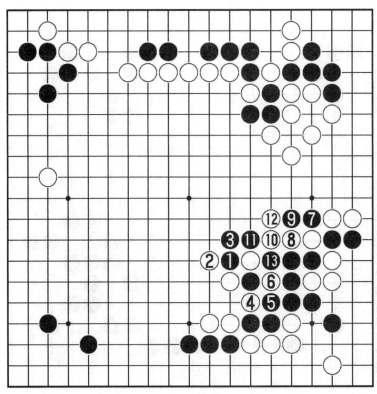

图 2–110

（图2-110）黑1断，是攻防的手筋。

白2以下至白6提时，黑7断打是绝好的调子。白8、10长出时，黑11挤是有趣的妙手，至黑13打，白棋接不归。黑11如走12位，则白11位团，黑棋不行。

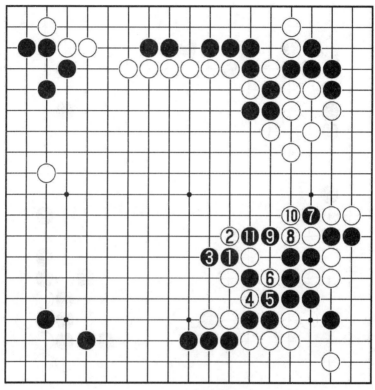

图 2-111

（图2-111）对黑1扭断，白2、4进行，则黑仍利用7位之断打。

白8时，黑有9、11位打断的严厉手段，白成崩溃之形。黑7单在11位
断也是严厉的一手。

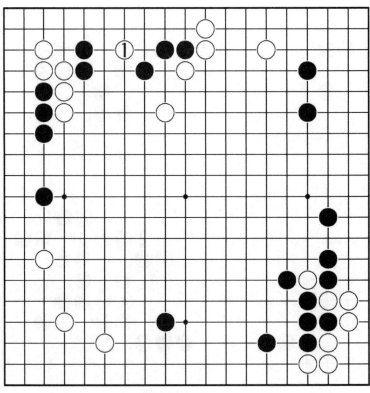

图 2-112

（图2-112）对于白1的打入，黑如弄错防守的方向，则会招来麻烦。

那么，黑如何应对呢?

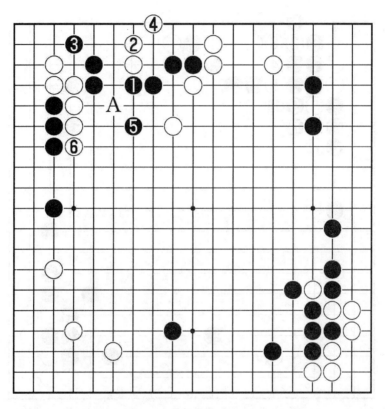

图 2-113

（图2-113）通常会考虑黑在1位压，这也是一般人的第一感。

可是，白有2位立的巧手，至白4位尖即与右边取得联络。至白6后，仍留有A位的穿象眼，黑棋不能满意。

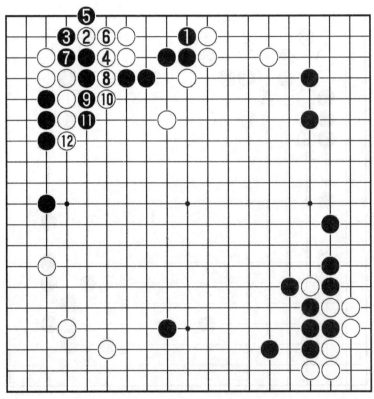

图 2-114

（图2-114）前图黑3如改于本图的1位挡，则白有2位托的好手。

黑3强行扳下，白4以下进行至白12压止，黑棋陷入苦战。

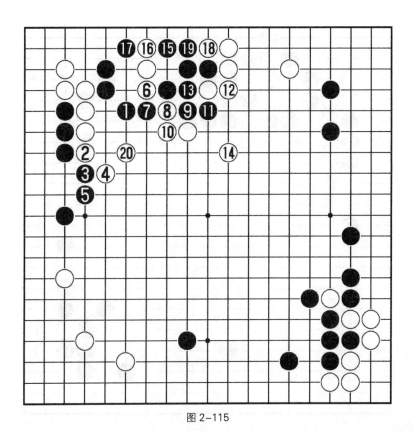

图 2-115

（图2-115）黑1尖是防守的好手，仅此一手。白2、4压后，再于6、8位冲断是强手。如不能预见这种变化，也许不能说黑1是正着。

黑9打吃至白20虎，是双方必然的应对。

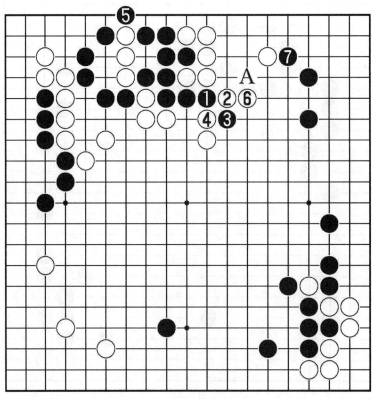

图 2–116

　　（图2–116）接前图。黑做活之前，先于1、3位交换两手是好棋。黑5补活后，由于有A位的严厉手段，白6只能补一手，至黑7尖顶，黑充分可下。

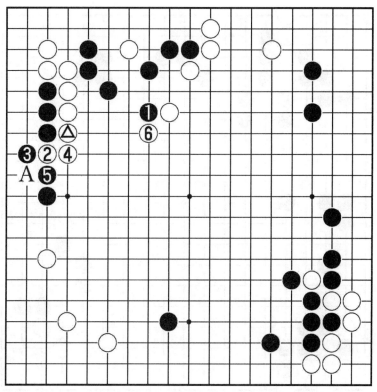

图 2-117

（图2-117）白2压时，黑如在1位靠一手如何？被白2扳、白4粘后，再于6位扳头，黑颇为难受。以后白还有在A位断的利用，黑味恶。

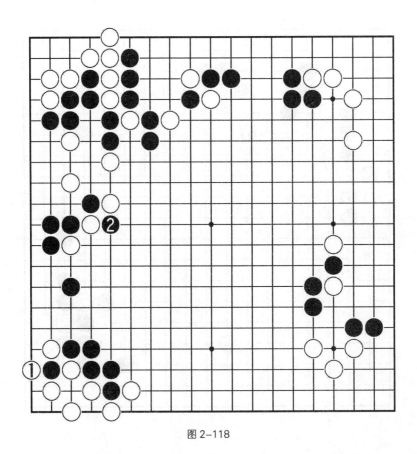

图 2-118

（图2-118）左下角发生劫争。白1提掉是必然的，黑2断打后，如果左边白棋整个被吃，则白大损。白棋有没有处理的好手法？请认真思考一下。

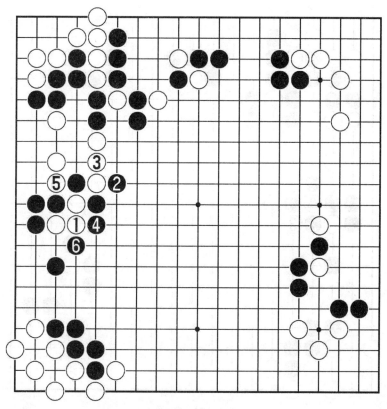

图 2-119

（图2-119）白1粘，是笨重的下法。

黑2打、黑4压是好次序。以下至黑6打，整块白棋相当危险。

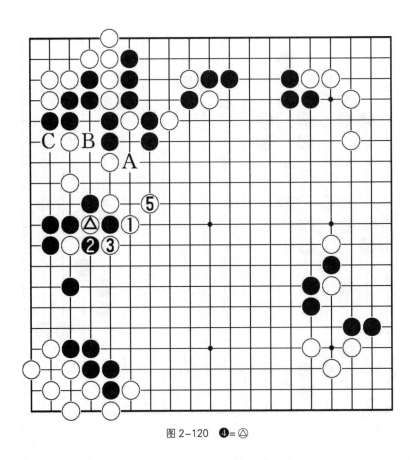

图 2-120　❹=△

（图2-120）白1打，是轻灵的一手。黑2提子时，白再在3位打，黑只好在4位粘。白5虎是好棋，因白A、B、C都是先手利，不怕没有眼位。

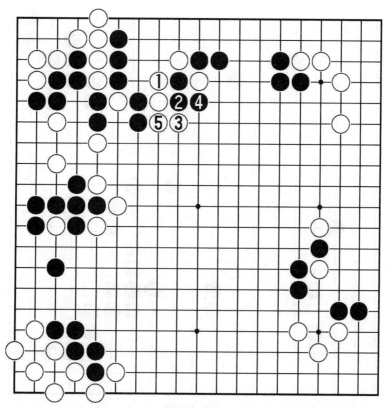

图 2-121

（图2-121）前图白5也可于本图1位打吃。只要是战斗力强的人，采用这种下法都相当有力。

以下至白5粘，白可以一战。

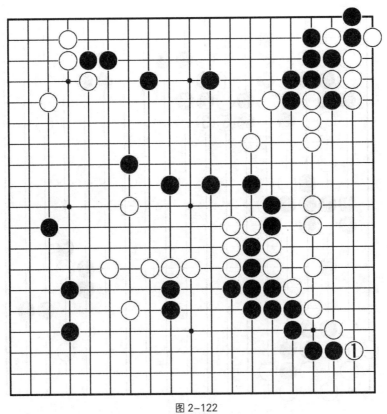

图 2-122

（图2-122）白1在右下角扳，企图先手利后再脱先他投。

黑若按常规随手一挡，则白达到目的。请找出漂亮的手筋。

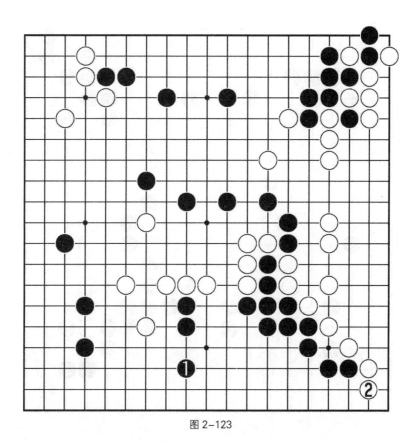

图 2-123

（图2-123）黑脱先于1位围看似很好，但被白2长入非常大。

可见，黑1这手棋价值不大。

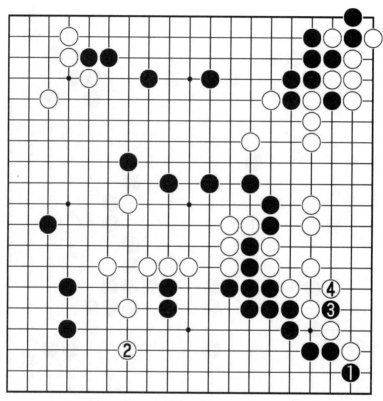

图 2-124

（图2-124）黑若按普通的走法于1位挡，则白先手获利。

白可抢得先手在2位跳是好点。以后黑即便于3位挤，被白4打吃一手，黑得利也不大。

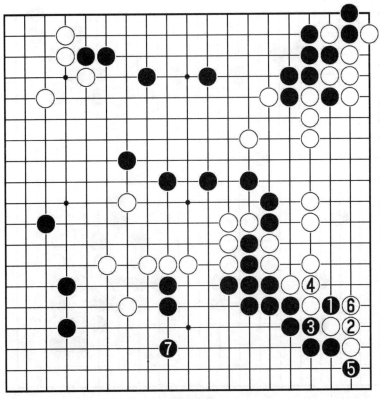

图 2-125

（图2-125）黑1挤，是极其漂亮的手筋。白如2位粘，黑3打后，黑5位挡即可获得先手。之后，黑抢到7位跳的好点，黑可以满意。

白6若脱先，则黑6位吃掉白三子相当大。

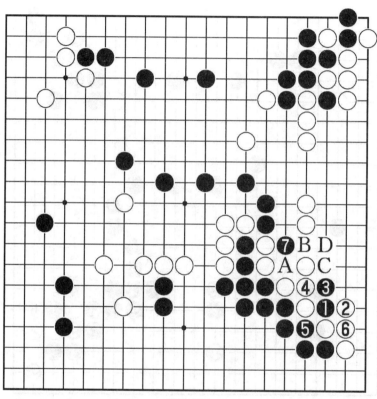

图 2-126

（图2-126）黑1挤时，白2打如何呢?

黑3先长，然后再于5、7位打吃，白问题已变严重。白若不愿舍去重要的两子而于A位粘，经黑B、白C、黑D后，白棋成支离破碎之形。

白若两子被吃，黑全体变厚，白难以接受。

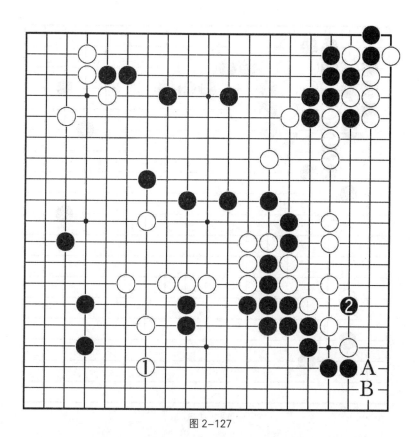

图 2-127

（图2-127）当初白A的扳意在让黑B位应，但这只是一厢情愿。
如果白直接于1位跳，黑则于2位刺，价值很大。

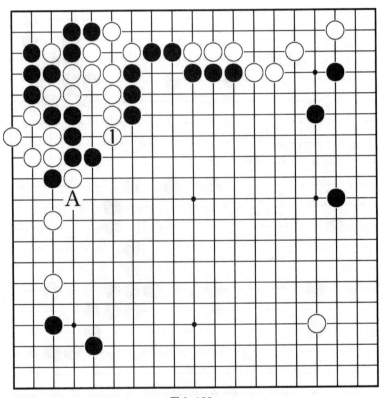

图 2-128

（图2-128）白1出头，黑A若打时，虽可提子，但这样一来，白可在左边渡，仍不是致命的一击。

请认真思考，黑有更佳的下法，正确的次序是关键。

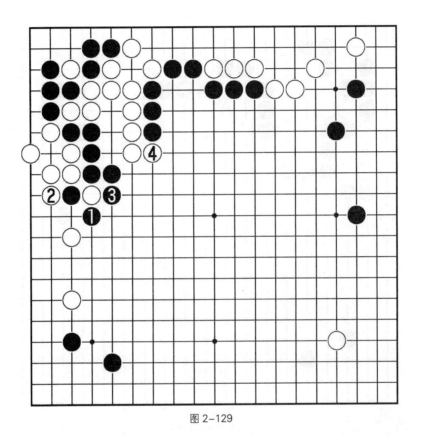

图 2-129

（图2-129）黑1打吃，错失良机。白2先手拐打后，再于4位拐头。由于黑两块棋都处于不安定状态，作战白肯定有利。

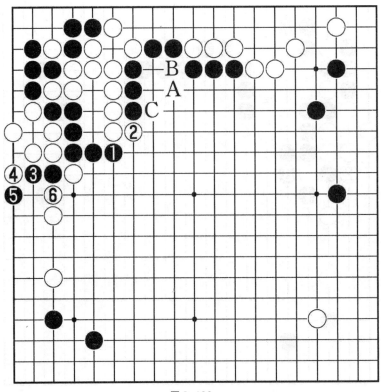

图 2-130

（图2-130）黑1单压，白2势必向外冲。

之后，黑3挡，则白4、6做劫，很难吃住白。而且由于白占2位后，上边的白A、黑B、白C攻击颇为严厉。如果没有上边的次序，就会大不相同。

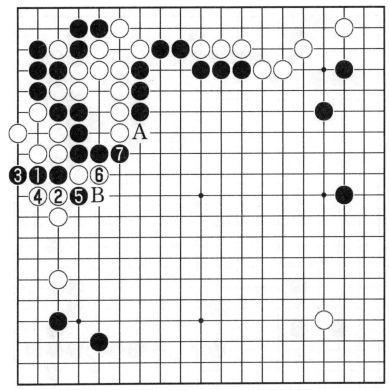

图 2-131

（图2-131）黑1挡，凌厉。白在2位完全能吃住黑棋，但黑毫不介意地继续在3位送吃，促使白4紧气，只有进行了这些准备才能走5、7位，调子绝好。黑棋的下法看似平凡，实际却是巧妙的手筋。

其后，若白A，则黑B位可征吃白两子。若白B，则黑A完全可以吃住上边的一团白棋。所以，白已无法两全，成大败之势。

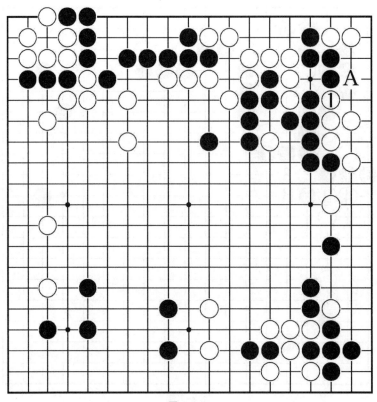

图 2-132

（图2-132）白1挤，企图让黑粘住，白再在A位扳渡，白可获利。

但由于白形成愚形，黑无论如何也不想粘。分断白棋，稍不留意角就有可能被吃。现在需要巧妙的手筋才能解决问题。

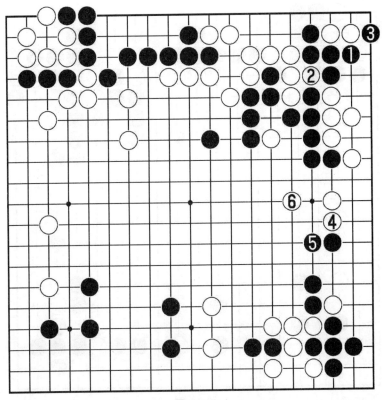

图 2-133

（图2-133）黑若1位挡，白2断，必然，黑3扳角后，虽能做活。但白先手走到4位顶，再在6位跳出，黑中腹一块棋受到一定威胁，黑不能满意。

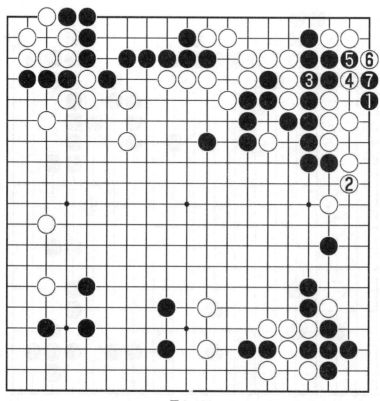

图2-134

　　（图2-134）黑1虽是意外之着，但却是十分巧妙的手筋。这样即使被分断，黑活角也没什么问题。

　　白2若长，黑3可粘上，白4、6已无济于事，被黑7断后，白角上被吃。

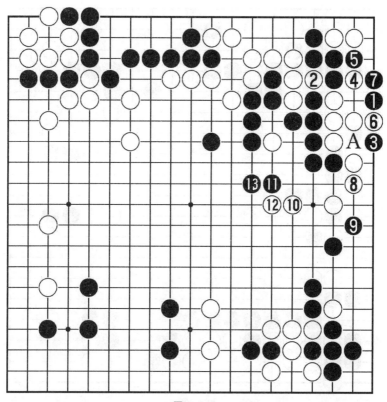

图 2-135

（图2-135）对黑1，白2断，则黑3点入，是用意深远的手筋。

随后，白为防黑A位断，只能于4、6、8位行棋，但是，这样黑角已先手活，所以黑9转守为攻，充分可战。

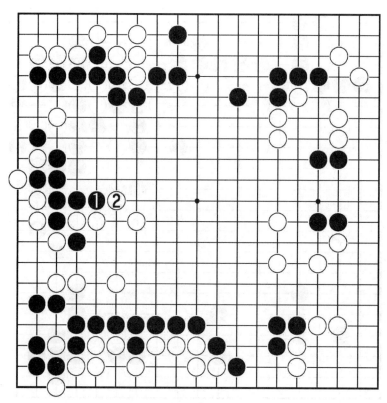

图 2-136

（图2-136）这是让三子棋的局面。白走法极为巧妙，黑不能松懈。

此时，黑1贴，白2虎是无理手。针对白的无理手，请通过手筋，使黑棋优势。

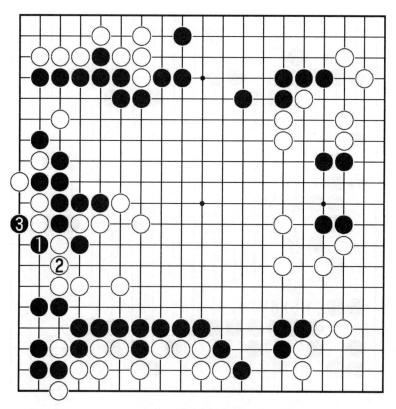

图 2-137

（图2-137）黑1打吃，是胆小怕事的一手。大概对全局形势心中没有底，才会这样下。

至黑3，黑只不过后手吃掉几个废子，对白棋没有丝毫影响，显然失败。

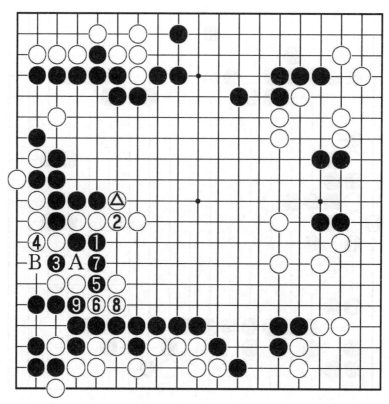

图 2-138

（图2-138）黑1、3打后，再于5位挖，是颇为严厉的手筋。若料到这一步，当初白△虎肯定会在本图1位打吃，以防黑5的挖，但此时后悔已来不及了。

白6打，黑7粘。以下至黑9断，白左边数子被吃，损失惨重。

黑5千万不能在A位粘，否则白在B位拐后，黑三子将被吃。

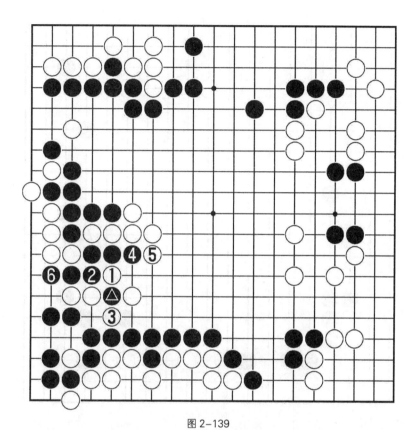

图 2-139

（图2-139）黑△挖后，白无论怎样走，左边都将被吃掉。白如走1、3位，只是提一子而已。黑4冲一手次序正确，先手后于6位挡。不仅得到充分的实利，而且使白完全没有眼位，黑棋明显优势。

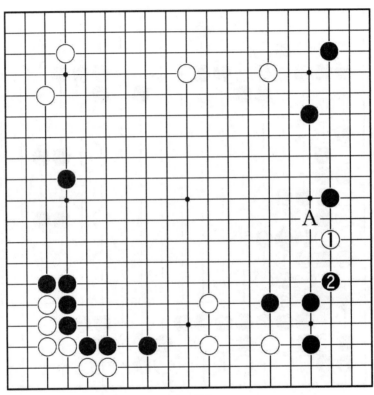

图 2-140

（图2-140）白1打入是要点。黑2尖，正着。即便走在A位等处，也不可能吃掉白。

对黑2尖，白应如何腾挪呢？

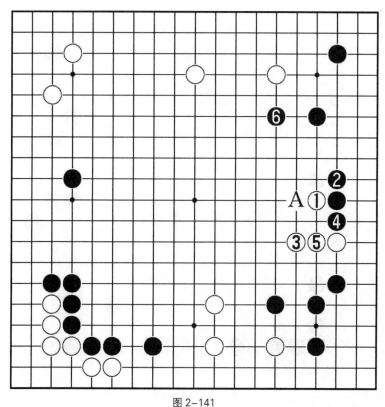

图 2-141

（图2-141）白如在1位靠，则黑2退是好手，白有呆重之感。

以下进行至黑6跳，白边上四子仍处于被攻状态，白失败。白1如单在3位跳，则黑A位跳，白仍太重。

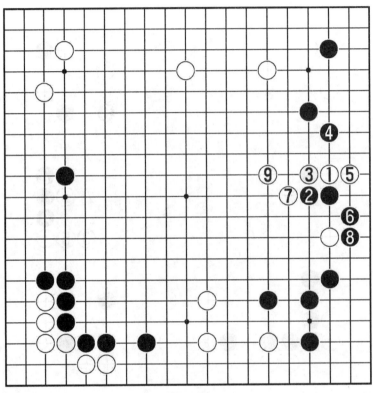

图 2-142

　　（图2-142）白1靠，是腾挪的手筋。黑2长，白3跟着长。继之，黑4
不能省，因此，白5、7先手利后，再于9位虎，白腾挪成功。

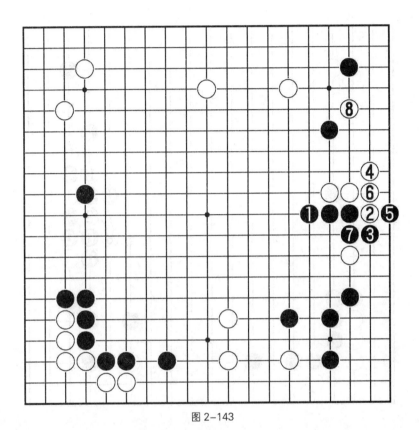

图 2-143

（图2-143）前图黑4如改于本图1位长，白2、4扳虎是先手，然后白8飞入黑阵，做活不成问题。

所以，黑为了避免形成此局面，便不得不走前图的黑4尖补。

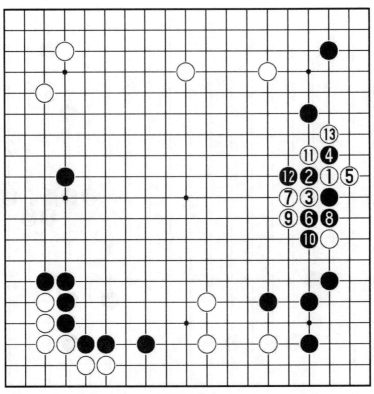

图 2-144

（图2-144）对白1靠，若黑于2位扳，则白3断，这是腾挪的关键。

黑4以下是变化的一例。至白13打吃后，顺利在右边成活，无疑白成功。

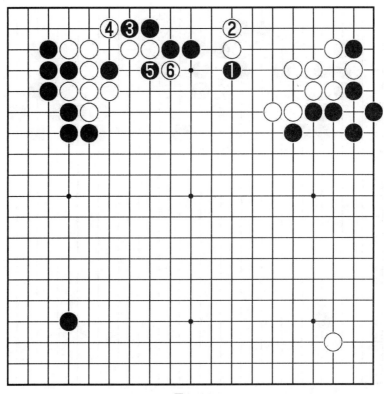

图 2-145

（图2-145）黑1靠，意图是处理上边黑棋。

黑5扳时，白6断，严酷，但稍显无理。黑棋如何利用才好呢?

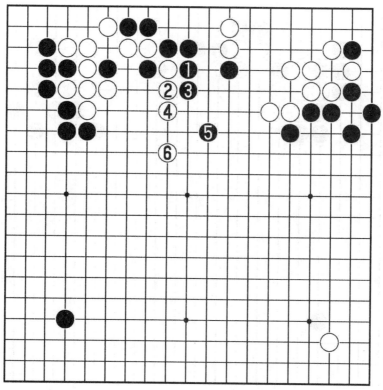

图 2-146

（图2-146）黑1打，是典型的俗手，只顾逃命是不会有好结果的。

白2长，必然，以下进行至白6跳，黑的安危虽不成问题，但白无形之中也获得加强，黑不能满意。

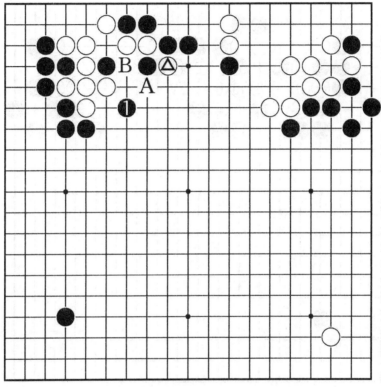

图 2-147

（图2-147）黑1飞，是巧妙的手筋。

之后，白如A位打，则黑B位粘。白如B位打做活，则黑A位长出后，当初白4断的一子将成为送黑的大礼物。

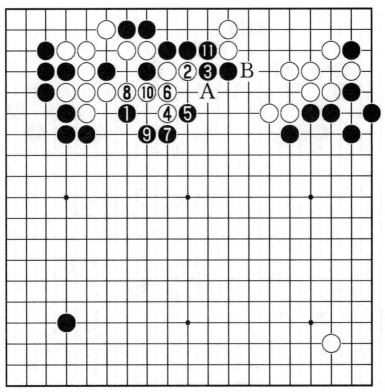

图 2-148

（图2-148）接前图。白2、4出头，但黑5又是妙手。

以下至白10止，黑先手筑成厚势之后再于11位接回四子，黑成功。

之后，白如A位扳出，则黑B长即可。

中盘攻防的技巧

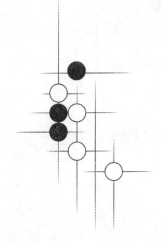

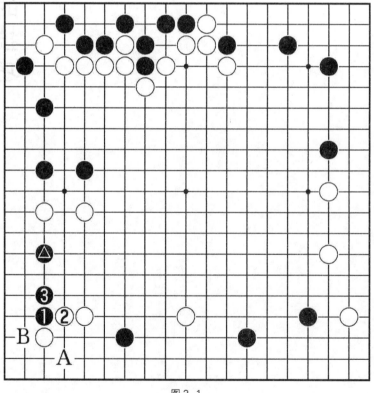

图 3-1

（图3-1）黑1碰，意在安定黑△一个弱子。白2顶，黑3退时，白棋的下一手非常重要。

就局部而言，白棋的下一手应A虎或B立下。但从全局来看，有攻防的好手，你如正确地选择出以下的变化，证明你已具有业余高段的实力。

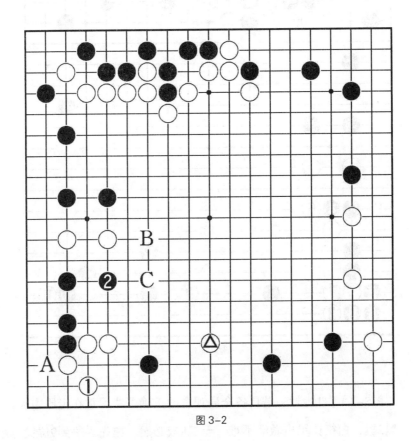

图 3-2

（图3-2）白走1位或A位是局部的下法，但白棋没有考虑到大局。

黑2跳出后，左边两个白子被攻，而且下边白◬一子也受到拖累，整体处于薄弱状态，白显然不好。之后，白如B位跳出，则黑C也跟着跳，黑充分。

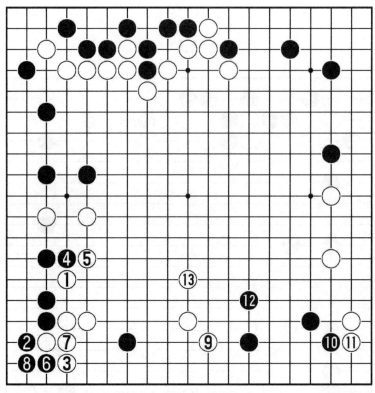

图 3-3

（图3-3）白1跳封，是具备全局观念的正确下法，意在走厚中央。

黑2扳，白棋让黑棋做活不难，至黑8成必然。白先手争到9位尖是绝好点，黑棋也只好10位尖获得安定。以下至白13跳，黑边上一子已失去活力，形势对白棋有利。

白棋不在意局部得失，是获得有利局面的主要原因。

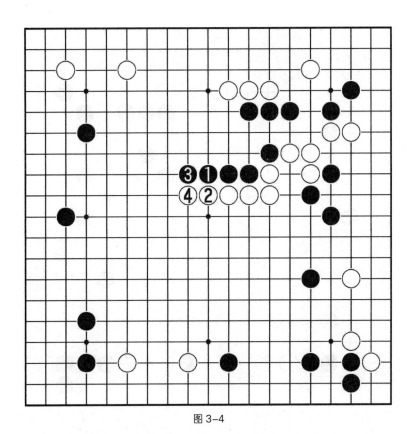

图 3-4

（图3-4）黑1、3连长，白4贴时，黑如何应对呢?

此时，黑棋应有脱先的意识，但必须找到白棋的缺陷所在。

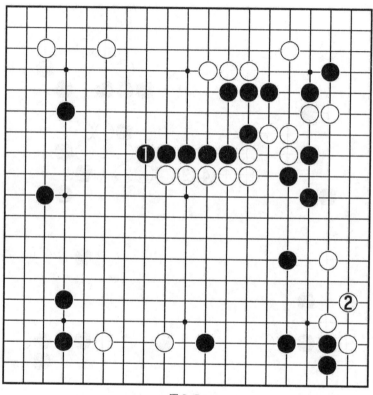

图 3-5

（图3-5）黑1长，虽是正常的下法，但此时由于黑上边已不怕被
攻。所以，此手太缓，错失良机。

被白2虎后，白已获得安定，而黑棋倒显得有些薄弱，黑不能满意。

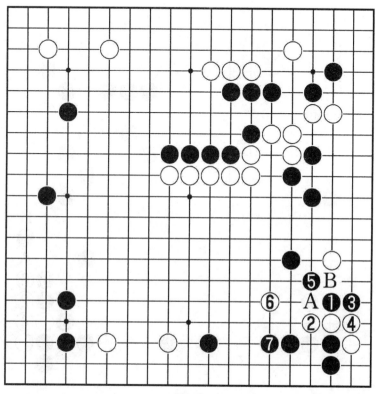

图 3-6

（图3-6）黑1夹是攻击的急所，此手正是击中白形之缺陷的好棋。

白2长，则黑3与白4交换一手后，再于黑5尖。白6位飞，则黑7并又是一着好棋。白棋只好取得A位和B位的先手交换，没有好办法。

黑棋能吃住白一子，且仍可继续攻击白棋，显然黑棋有利。

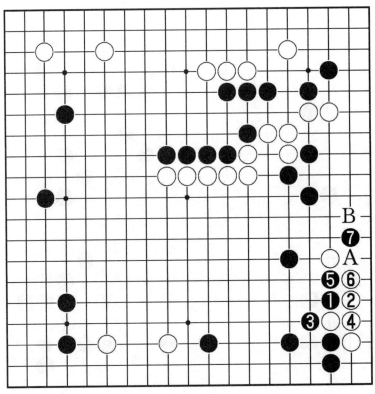

图 3-7

（图3-7）对黑1，白2扳虎，则黑3先手打后，再于5、7位继续对白

进行攻击，白棋陷入苦战。

之后，白如A位粘，则黑B位并是有力的着法。

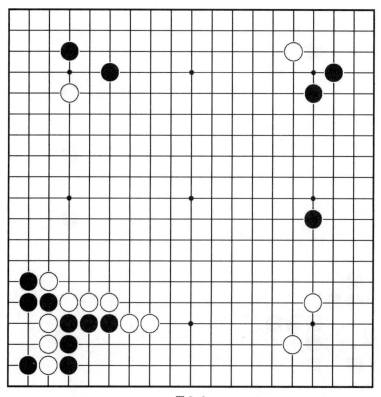

图 3-8

（图3-8）此局面是进入中盘的开始。现在，黑棋实地领先，白棋如何利用下边一带的厚味，是问题的焦点。现在即使白想用此厚势来围空，也很难办到。

作为白棋来说，此时最好是强行挑起纠纷。右边是主要战场。

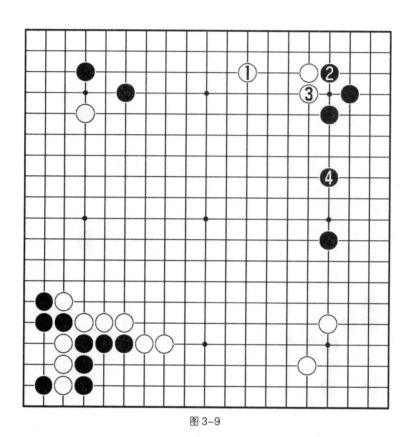

图 3-9

（图3-9）白1拆，以防黑的攻击虽然是常识性的着法，但此时过于消极。

被黑2、4补棋后，白下边好不容易筑起的厚势，就只好向隅而泣了。

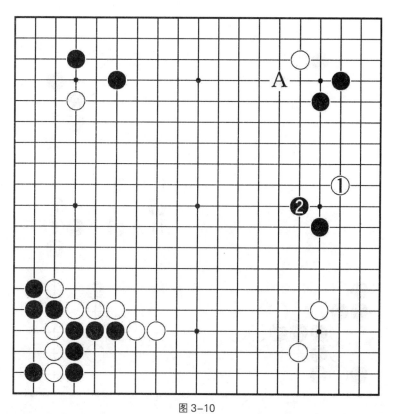

图 3-10

（图3-10）如此看来，只有在右边打入了。白1的打入着眼点虽好，但还不能说是正解。

黑2尖是形，由于黑有A位的先手飞压，所以白1这步棋有些危险。虽然说白1并不难处理，可现在白考虑的是必须进攻。

再说，白1后，白的厚势也未得到利用。

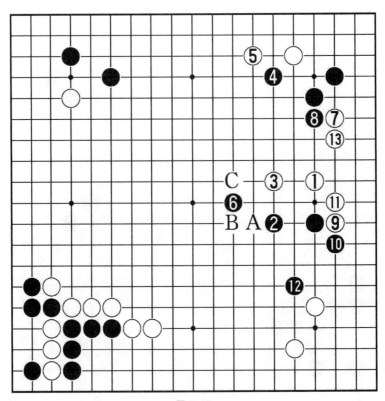

图3-11

（图3-11）此图的白1打入才是正确的下法。黑2跳，则白3也跳，与其说是破空，倒不如说已开始对黑进行攻击。以下至白13活净，瞄着A位跨等黑的薄弱处。

黑6如B位跳，白亦C位跳。这样，白的厚味将发挥作用，可以满意。

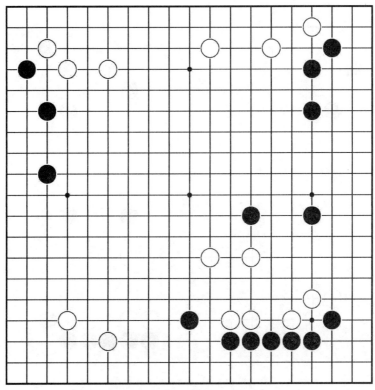

图 3-12

（图3-12）大场虽然明显，但此际有一难逢良机，千万别错过。
请找出攻防的急所。

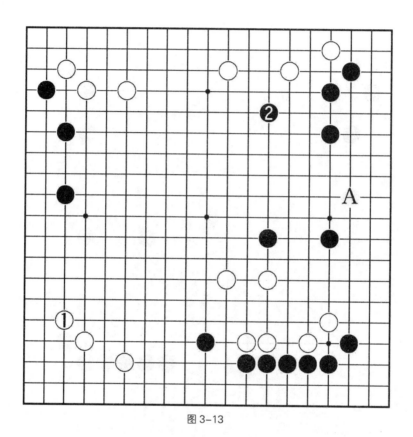

图 3-13

（图3-13）在平凡的大场中，白1尖守角是引人注目的一手。

但被黑2大飞，占领了形势消长点，白再想于A位打入就困难了。

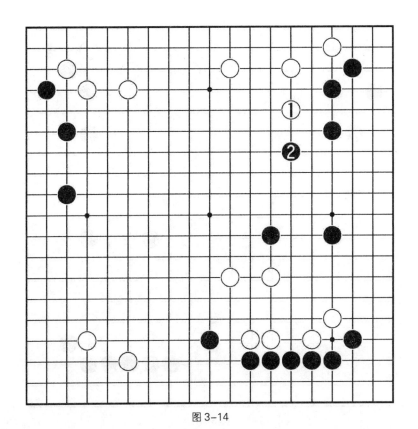

图 3-14

（图3-14）白1跳虽是好点，但被黑2飞镇后，黑地得到充分巩固，黑十分满意。

假如右边没有打入的余地，那么白1是理所当然的好手。

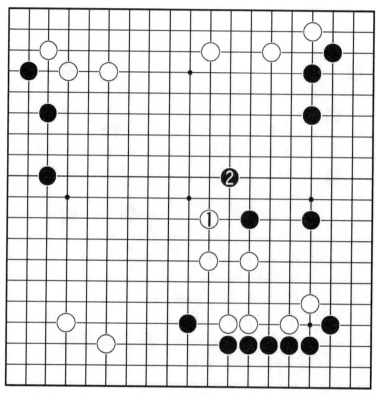

图 3-15

（图3-15）白1镇补强下方白棋，是软弱的下法。

黑仍可顺势在2位飞补，这样白已无打入的可能，白也不好。

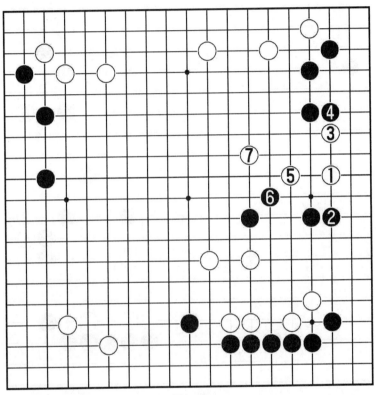

图 3-16

（图3-16）白1打入是恰到好处的一手，抓住了良机。

黑2扎钉无奈，白3先手利后，再于5位跳出是形。至白7为止，黑实空被破，白成功。

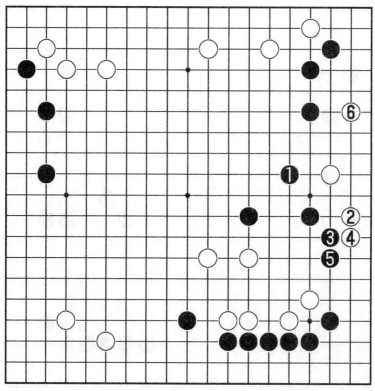

图 3-17

（图3-17）对白打入，黑1镇头，企图阻挡白的出路，但不可能吃住白棋。

白2、4先手利后，再于6位大飞，即可轻松做活，黑毫无办法。

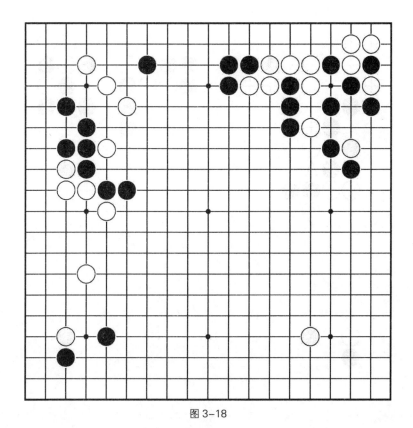

图 3-18

（图3-18）现在这个局面，黑棋有进入右下角的余地，左下角也没有完全定形。但黑棋另有一个最为紧要的地方，请认真找一下。

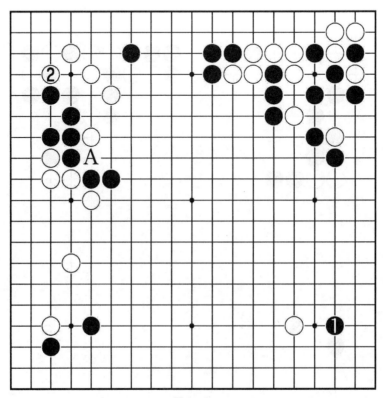

图 3-19

（图3-19）黑1挂角，虽是一步很大的棋。但被白占到2位的攻防急
所，不但获取不少的实利，而且左上黑棋的眼位也受到威胁，将来A位
断的毛病很麻烦，黑棋不能满意。

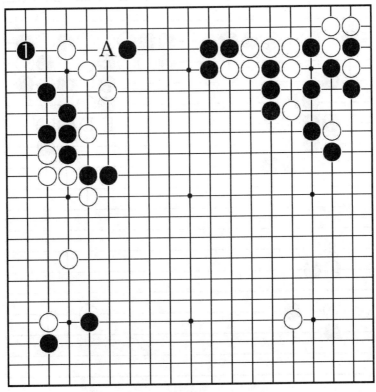

图 3-20

（图3-20）黑1飞角是此际最重要的攻防急所，不但左上黑棋由此而安定，而且还可攻击左上的白棋。

白如不理，则黑A位并是严厉的一手，这样，将成为白棋苦战局面。

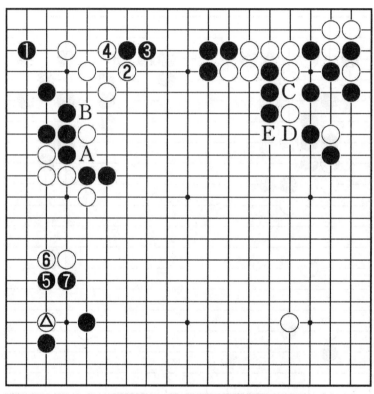

图 3-21

（图3-21）接前图。黑1飞后，白必须要补一手。所以，白2尖顶是巧手，此手如在4位尖，则黑2长，白棋不好。

黑3退，正确，如4位长，白有3位扳后的连扳强手。至白4虎，大致获得安定。

黑5点，白6挡时，黑7大吃白⚫一子，形势对黑棋有利。白没有A位断，否则黑B冲出，白不行。以后，白如C位粘，黑D位挡即可，即使白E位断，黑棋弃掉三子也无妨，黑不必担心。

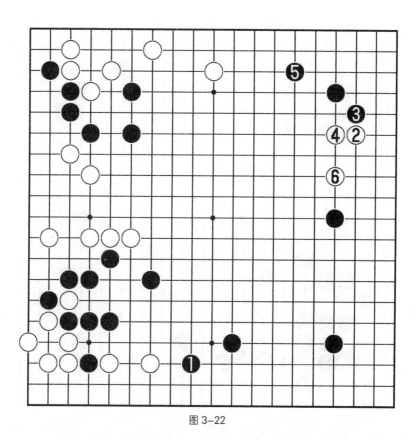

图 3-22

（图3-22）黑1小飞，虽狭窄一些，但也是好点，因为这对攻击白角有帮助。

但是，白无视此举，却从白2至白6转向右上角。对此脱先，黑作何打算呢？

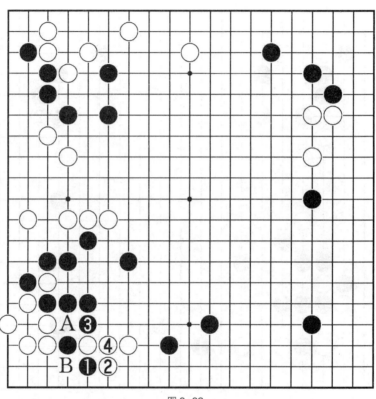

图 3-23

（图3-23）黑1简单地扳一手，则无计可施。

白2挡一手即可，黑3即使打，白4粘上后，黑也无后续手段，显然失
败。

黑1若走A位或B位，也不成立。

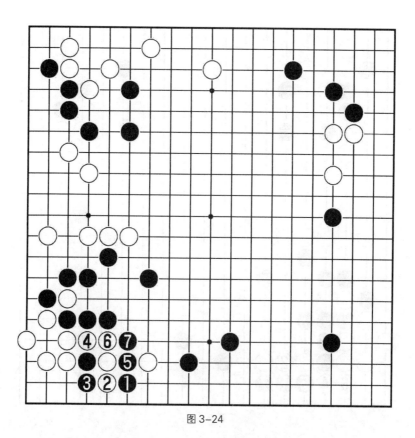

图 3-24

（图3-24）黑1点是手筋。白2挡，则黑3冲下是好次序。

对白4冲，黑5、7后，可冲破白的阵势。黑不但获得实空很大，且棋形亦厚，这是不容置疑的黑好。但是，既然存在1位点，白就应估计到这一点。

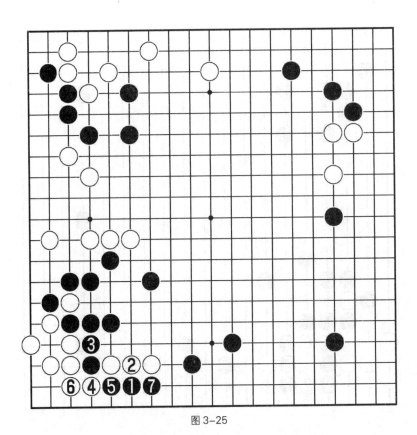

图 3-25

（图3-25）对黑1点，白2粘，显然无理。

黑3接，白相当难办。当白4渡时，黑走5、7位可连回，白三子被

断，损失惨重。

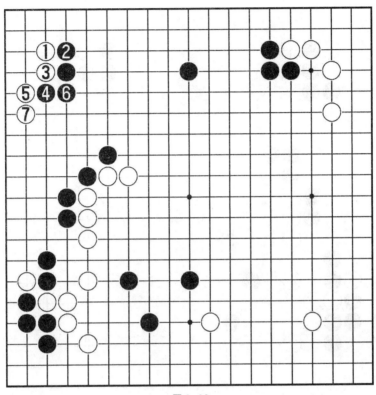

图 3-26

（图3-26）白1点角，黑2以下至白7是正常的应接。黑6粘，是争先手的一种有力下法。

黑棋下一手如果走对，一定可以取得优势。

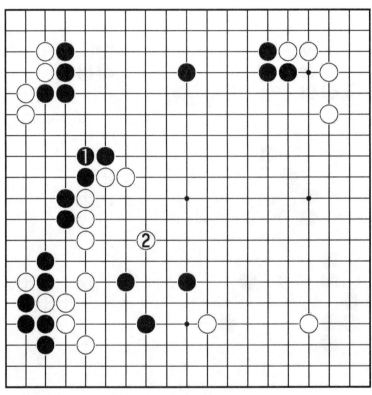

图 3-27

（图3-27）黑1粘，是平凡而无谋的一手，明显错失争取领先的绝好
机会。

白2跳补后，不但自身获得加强，而且黑下边三子反而变薄，黑大失
败。

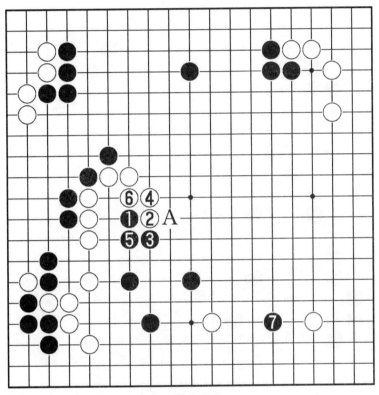

图 3-28

（图3-28）黑1点，是攻击的急所。正如格言所说："逢方必点。"这是冲击白薄形的有力手段。

白2靠，则黑3扳，白4退时，黑5粘，迫使白6连接后成大愚形。黑棋先手加厚后，再于7位打入下边白阵，黑棋明显优势。

白4如下在6位，则黑A位先手打后，仍于7位打入。总之，只要白棋两边处理不好，作战肯定是不利的。

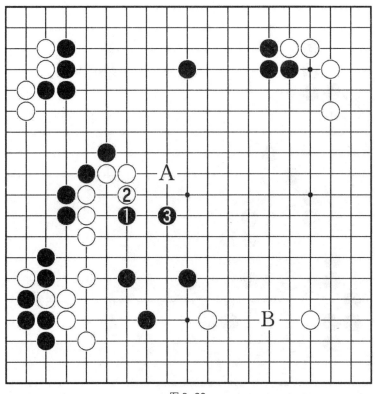

图 3-29

（图3-29）黑1点时，白如单在2位连接，则黑3跳后，左边白棋还会继续受攻。

白棋不理，而被黑A位跳，白棋受不了。白如在A位应一手，则黑B位打入。总之，无论怎样，黑棋作战都将是有利的。

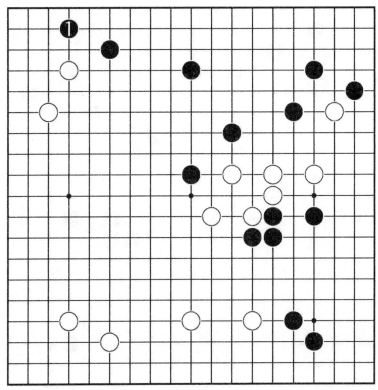

图 3-30

（图3-30）黑1飞角，确实是一步大棋，它的目的是想让白跟着应一手，但作为白棋来说，应不必理会黑1小飞。因为，上边的黑模样很大，再不打入就没有机会了。

那么，白有力的打入点在哪里呢？

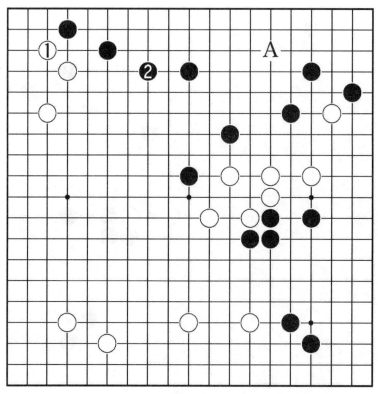

图 3-31

（图3-31）白1尖守不得要领。让黑于2位补一手，以后如果白在A位等处打入，因为黑已相对加厚，白腾挪的余地已减少，是有一定危险性的。

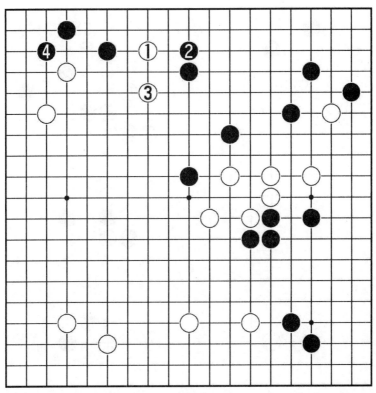

图 3-32

（图3-32）白1打入，仍未占到这个场合的急所。

黑2扎钉加固右边，白再打入右方就更加困难了。白3跳出，黑4尖角必然，白毫无收获。可见白1的打入劳而无功。

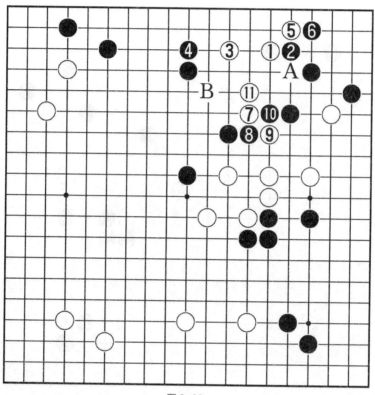

图 3-33

（图3-33）白1打入有力，抓住了黑阵中最薄弱的环节。

黑2尖顶，白3拆好手，黑4守。白7、9一边反击，一边腾挪，是相当严厉的手段。

至白11后，白A位打可以分断黑两子和白B位成见合，白充分可战。

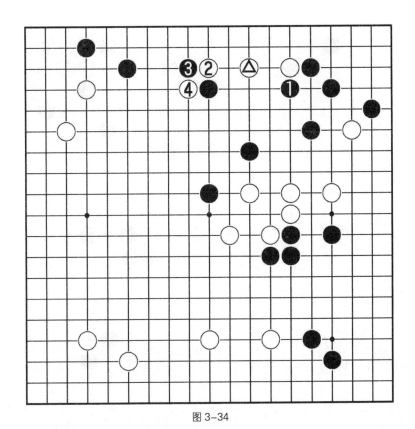

图 3-34

（图3-34）白△跳后，黑若1位扳虎，白2在左边托以求腾挪是有力的下法。

黑3扳，白4扭断之后，白成舒畅之形，顺利腾挪是不成问题的。

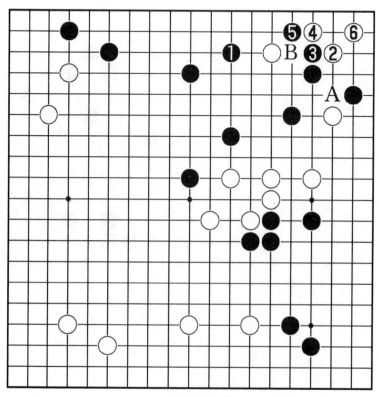

图 3-35

（图3-35）黑1夹，白2点角恰到好处。

白4扳时，黑5扳，则白6虎。以后白A位挺进和B位断成见合，黑难
以应对。

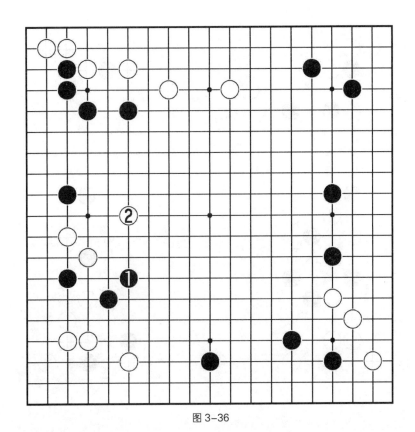

图 3-36

（图3-36）黑1尖时，白2飞是轻快的一手。时此，黑棋应该采取怎样的态度呢？

请注意形的要点，不要操之过急。

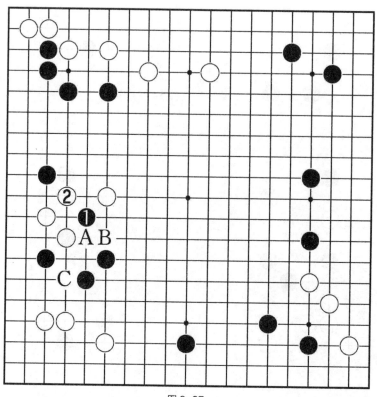

图 3-37

（图3-37）黑1马上穿象眼是恶手。白2简单应后，黑棋并无后续手段。

以后，白A，黑B时，白C跨的手段成立。由此可以看出，黑1马上穿象眼，反而被白有机可乘。所以，黑棋不能采取直接行动。

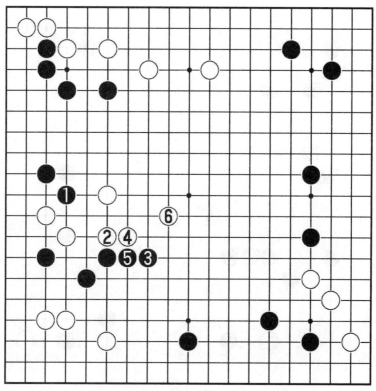

图 3-38

（图3-38）黑1尖看似严厉，实则恶手。

被白2靠后，黑并无好手段。以下至白6飞，黑1尖的位置明显大恶。

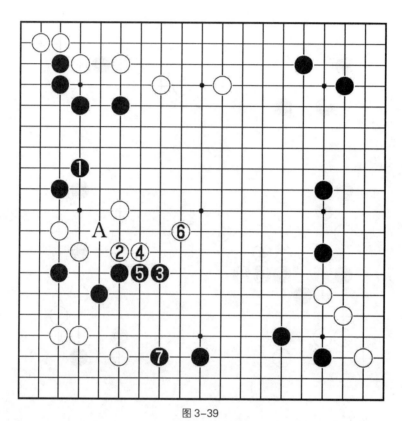

图 3-39

（图3-39）黑1尖，是有力的一手。在强化左上阵势的同时，并留有
A位穿象眼的严厉手段。

因此，白2靠整形必然，黑3跳是形，白4、6大致如此，黑7紧逼后，
黑棋成充分之形。

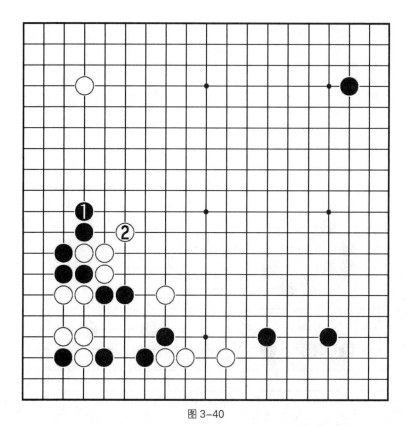

图 3-40

（图3-40）黑1并时，白2尖。白棋包围圈有漏洞，但左下黑棋本身还没有安定，局面较复杂，也很微妙。

黑棋应该怎样下呢?

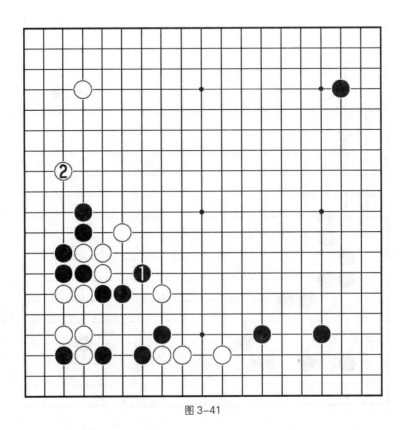

图 3-41

（图3-41）黑1尖，是胆小怕事的一手，也是对下边腾挪没有自信的表现。

白2拆逼是绝好点，不但可对左边黑棋进行攻击，而且可顺势在左上角围成空，黑显然失败。

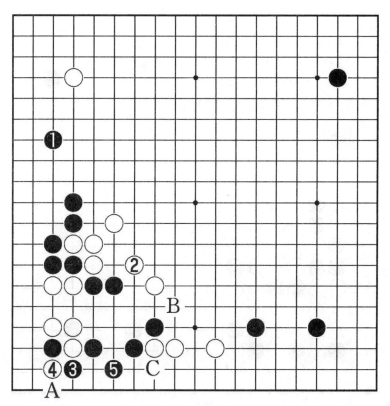

图 3-42

（图3-42）黑1拆，是必争的要点。因为左下黑棋不至于被吃。

白2封锁黑棋的出路，黑3、5扳虎，做出富有弹性的眼位。由于黑A打是先手利，黑还可于B位尖出，也可于C位扳，所以，黑一点也不怕。

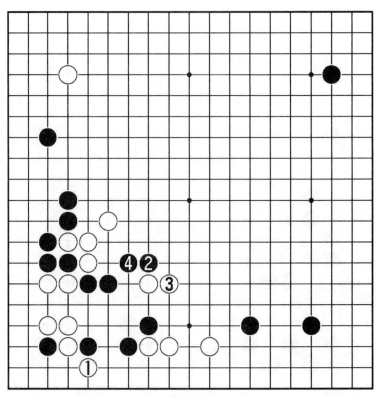

图 3-43

（图3-43）白如1位扳夺眼，则黑2、4靠退可简单跑出，弄不好左边
白四子还会受到攻击，黑不惧怕。

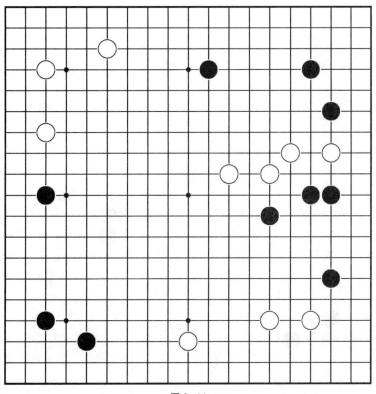

图 3-44

（图3-44）现在，虽还有不少大场，但还是应该考虑攻击。

当然是攻击右边的白四子，即使现在没棋，攻击过程中也可以限制白在各处的着手。

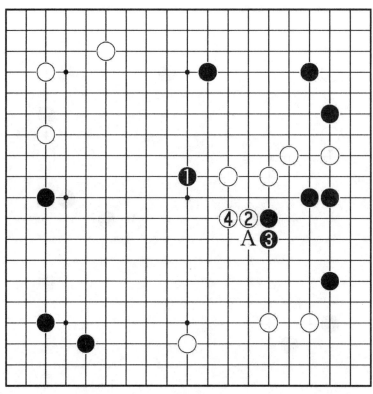

图 3-45

（图3-45）黑1镇，虽是好攻势，但白并不怕。

白2靠后，便没什么问题。黑3、白4交换后，黑已没有理由继续攻击。黑3如果在A位扳，白仍然4位长，也没什么棋。

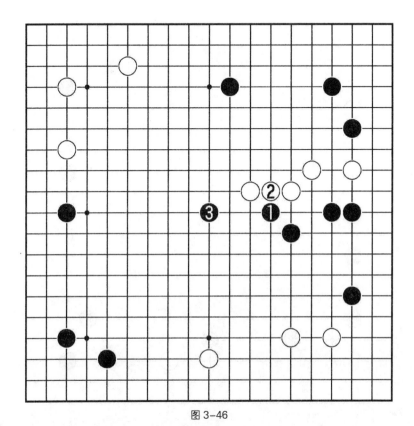

图 3-46

（图3-46）黑1刺，待白2位接后，黑再走3位攻击是正确的。这种攻击并不一定能吃掉白棋，但通过攻击却能加固上边和左边。这就是攻击的作用。

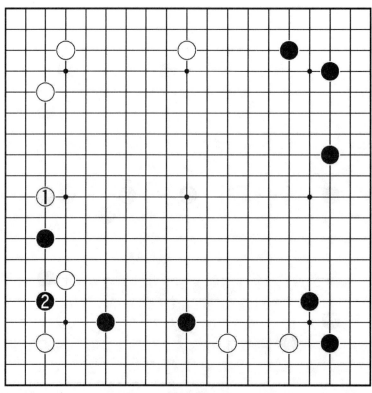

图 3-47

　　（图3-47）从布局至中盘，几乎都是在大场展开争夺。当黑在左边
攻击时，白1夹，于是黑改在2位点入。

　　此时，白如何应对才更妥当呢？最简单的方法就是利用黑棋的弱点。

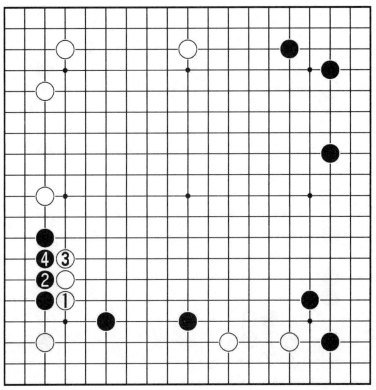

图 3-48

（图3-48）白1压，是无谋的一手，这正是黑求之不得的一手。

黑2退回必然，以下至黑4后，白束手无策，显然失败。

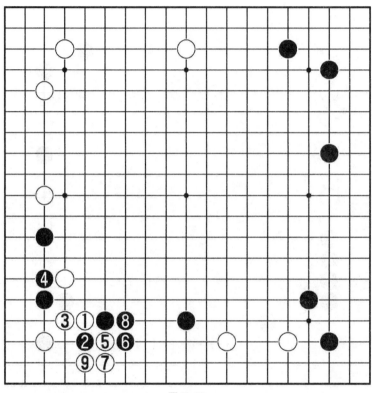

图 3-49

（图3-49）白1靠是腾挪的好手筋。黑2扳，当白3退时，黑不得不在4
位连回。于是白5断，至白9吃住黑一子，从而占了不少实空，白可以满足。

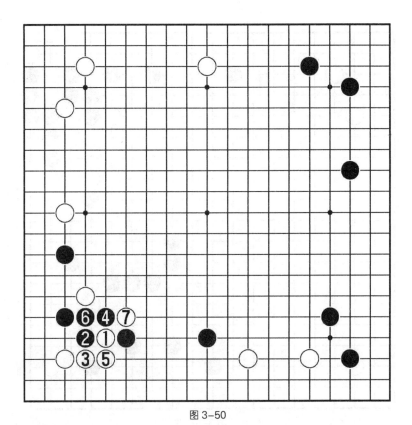

图 3-50

（图3-50）对白1靠，黑如走2、4位是典型的俗手。

黑6接，形成了愚形，所以白于7位断是漂亮的战斗。

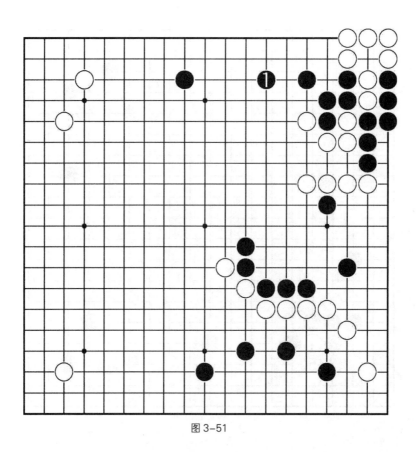

图 3-51

（图3-51）黑1跳，右上角告一段落。获得先手的白棋，必须想方设法使右边黑形变薄，这是当务之急。如何走才好呢?

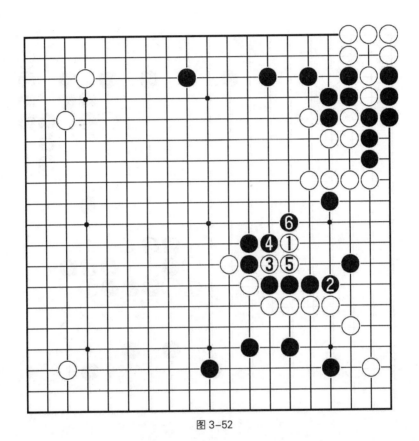

图 3-52

（图3-52）白1点，虽是攻击的要点，但次序明显有误。

黑2贴是要点，假如白3断，黑4、6打扳，白不能成立。

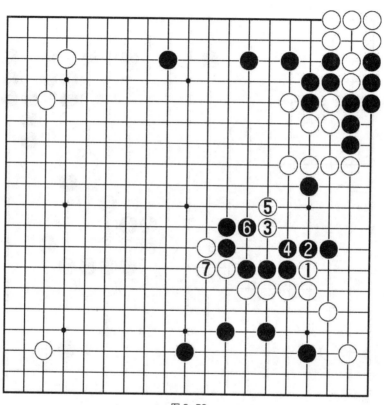

图 3-53

（图3-53）白1先冲，待黑2挡后，白再3位点是攻击的正确次序。白3即是"逢方必点"的攻击急所，占了此点便使黑不能进行轻灵腾挪。

黑除在4位粘外，别无良策。白5先手得利，当黑6曲虎时，白7粘。这一攻击，对白明显有利。

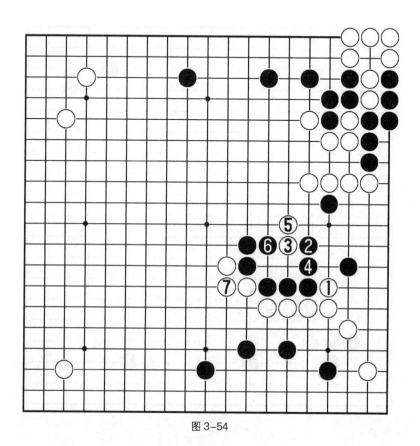

图 3-54

（图3-54）白1冲时，黑走2位跳如何？

白3靠仍然是攻击的手筋，黑也难以应对。以下至白7止，其结果同前图大同小异。

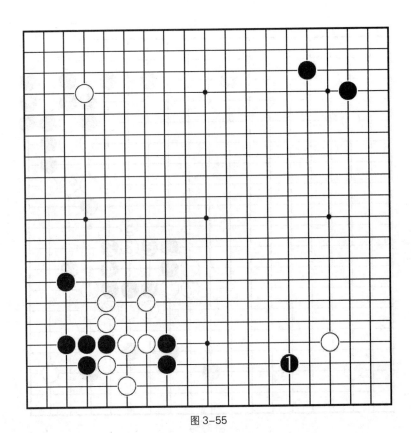

图 3-55

（图3-55）对于黑1的挂，白可以走普通的应法，问题是以后怎
么办。

请充分利用左边的厚势，预想以后双方几步的进行。

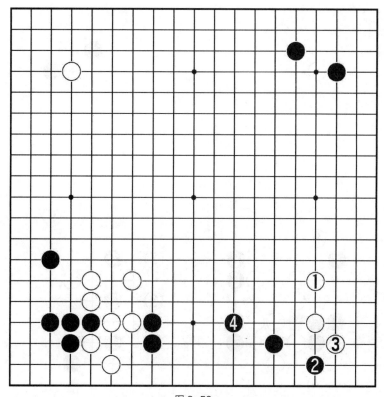

图 3-56

（图3-56）白可先手于1位关应，但黑2飞时，白3尖，这就给了黑4飞的好形。下边黑棋每个子都充分发挥了作用，是黑充分的局面。

因此，白3的下法过缓。

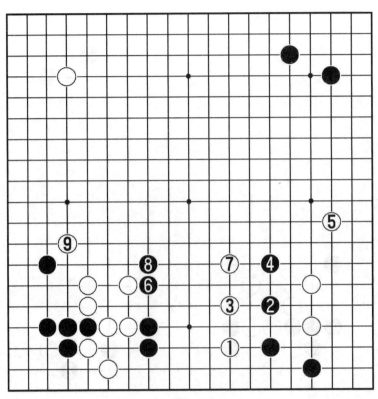

图 3-57

（图3-57）白1打入，这不是消空的打入，而是攻击的打入。

黑2跳，白3继续追击，黑4时，白5补沉着。黑6靠出必然，以下至白9后，白可进行大规模的进攻。

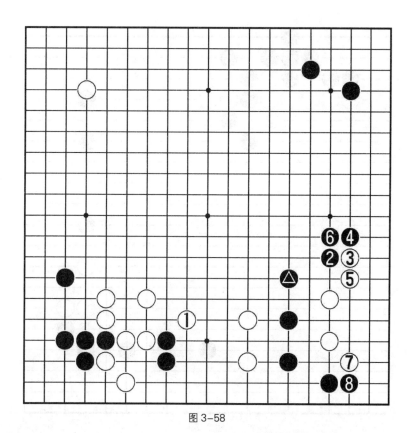

图 3-58

　　（图3-58）对黑▲跳，白如于1位吃住黑两子过于贪图小利。被黑2
飞封，白只得于3、5位做活，至黑8，白让黑棋走厚，这就把下边的获利
全部抵消了，白不能满意。

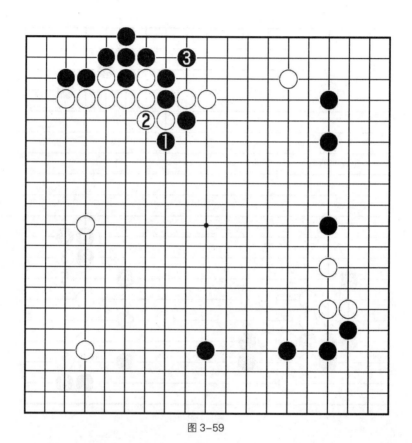

图 3-59

（图3-59）黑1打后3位虎。白棋采取什么样的战法好呢？

此时，是白棋采取大规模作战的大好机会。开始行动之前的准备工作是关键。

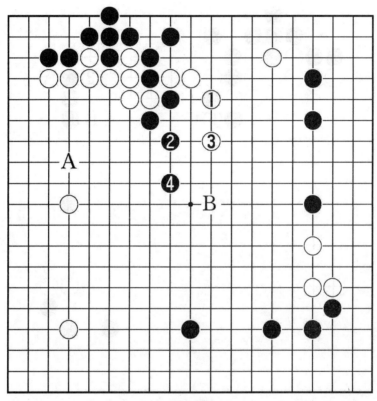

图 3-60

（图3-60）白1尖直接动出，显然不好。

黑2虎，必然，以下至黑4跳出后，A和B两点成见合，黑作战有利。

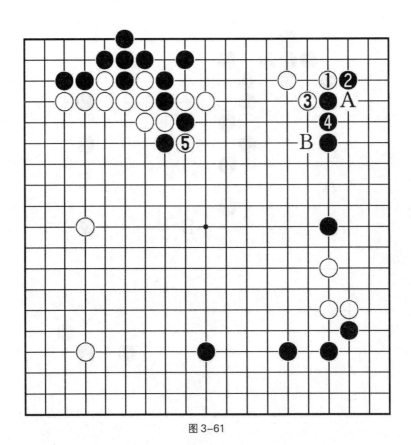

图 3-61

（图3-61）白1托角，处理右上弱棋是作战前的准备工作。

黑2、4时，白5断打是巧妙的次序。黑4如A位粘，则白B靠出，黑不好。

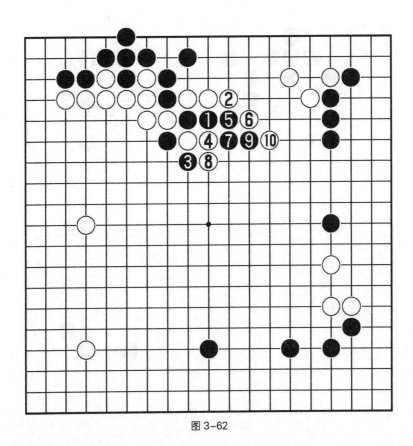

图 3-62

（图3-62）接前图。黑1长出只此一手，如被白棋于此处空提一子，简直是不能接受的。

白2以下至白10止，双方大致如此。这个作战虽很复杂，但对白棋来说，可以充分一战。

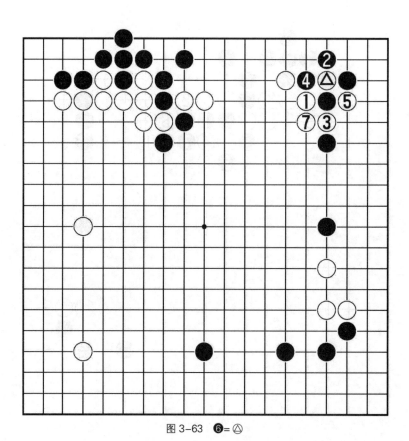

图 3-63 ⑥=△

（图3-63）白1虎时，黑2打，则白3反打必然。

黑4、6时，白7粘，白形状厚实，可以满意。

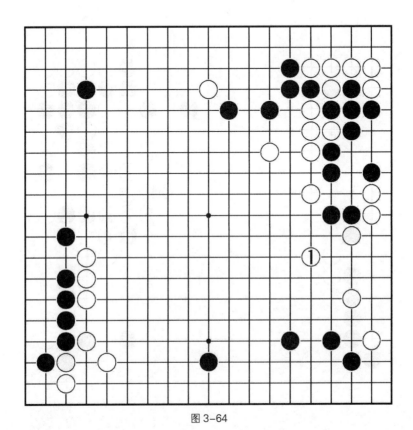

图 3-64

（图3-64）白1飞攻，右边黑被夹击。当然，若只求活并不难，但当前的形势却是非常严峻的。

由于白棋的形也很薄，黑棋当然应进行反击。那么，反击的要点在哪里呢？

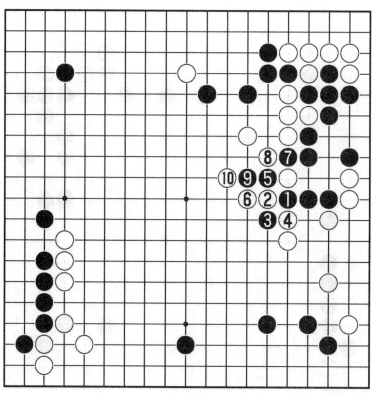

图 3-65

（图3-65）黑1直接冲出，是错误的下法。

白2、4扳断，严厉，黑被切断，已不可能逃出。即使黑5、7打吃一子，白还可在8、10位抱打，黑失败。

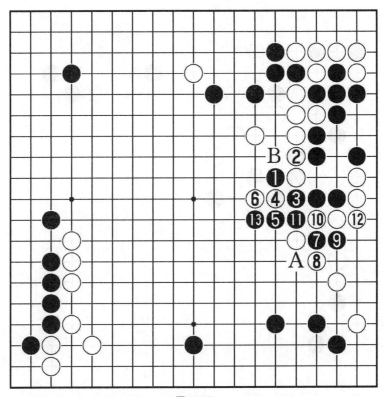

图 3-66

（图3-66）黑1靠是突破的手筋，这样2位和3位双方各得其一。

白2接上边，则黑3、5后，再于7位靠是严厉的手筋。白8以下至黑13
贴出成必然，白A位有断点，作战肯定不利。白2若走3位太勉强，黑可2
位冲，白B断，黑再10位冲，白成崩溃之形。

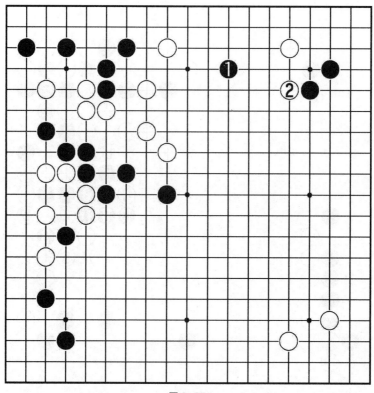

图 3-67

　　（图3-67）黑1打入，白2靠出有些勉强，因为左边的棋形太薄。黑应抓住这一良机，对白棋进行猛攻。

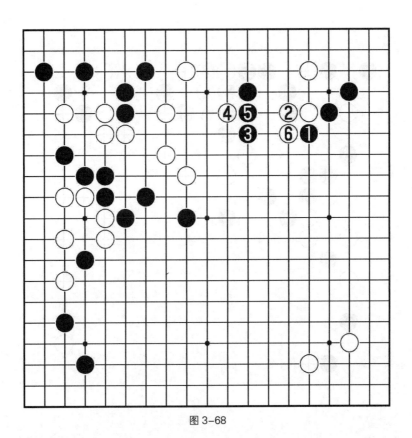

图 3-68

（图3-68）黑1扳是一般人的正常下法，但此时却是无谋的一手。

白2长出必然，当黑3跳时，白4先刺一手，然后再6位曲出，黑显然
失去战机。

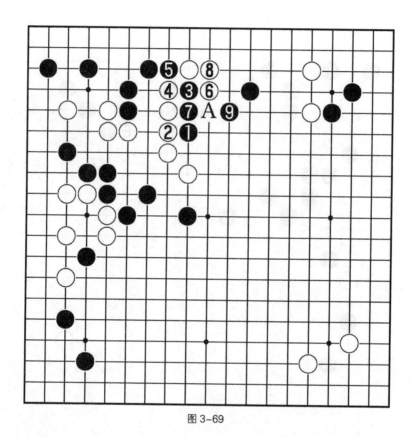

图 3-69

（图3-69）黑1刺，是抓住进攻的要点。如果白2粘，则黑3跨出，白颇感为难。

即使白走4至8位，黑9尖封可以成立。此后，白虽有A位冲断的手段，但作战肯定对黑有利。

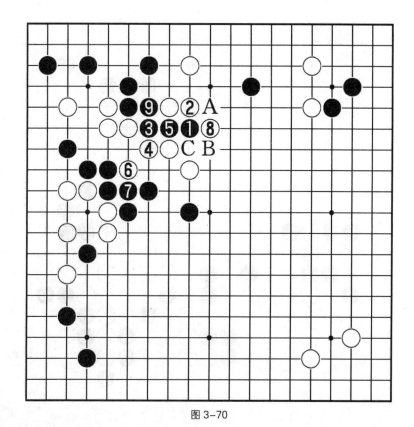

图 3-70

　　（图3-70）对黑1，白如在2位应，则黑3、5分断白棋十分严厉，白难以处置。白8扳，黑9接。此后，黑还可A位断、B位扳出、C位先手等，可以说白是崩溃形。

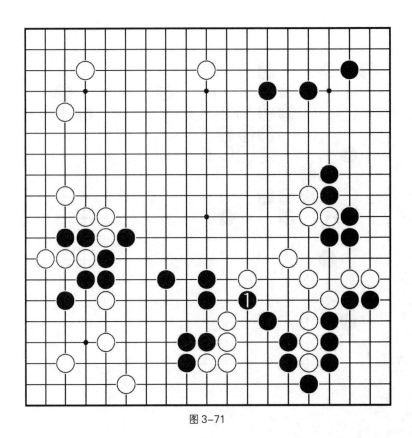

图 3-71

（图3-71）下边黑1欲分断白棋，白不能轻易地舍弃四子，否则必败无疑。

那么，白棋如何反击呢？

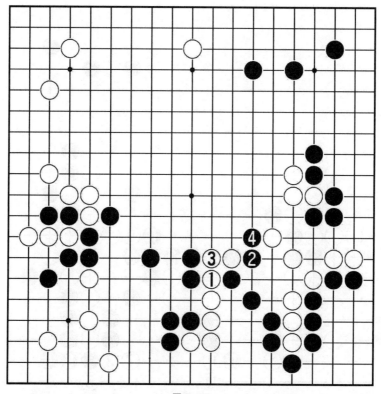

图 3-72

（图3-72）白1冲出，好像是必然的一手，其实是此际的大恶手。

被黑简单2、4位扳出后，白棋两边处于被攻状态，显然陷入苦战。

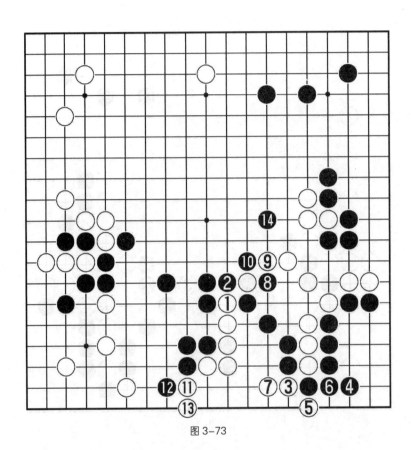

图 3-73

（图3-73）对白1冲，黑2断也是有力的下法。

白3断，只此一手。以下至白13立，白虽在下边可以做活，但被黑提
一子后再于14位飞攻，十分严厉，白仍处于苦战。

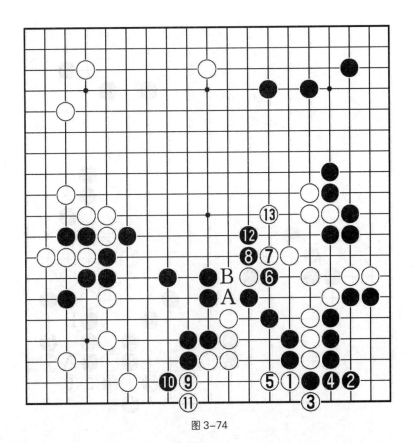

图 3-74

（图3-74）白1单断，试问黑应手是好手筋。

黑如顾忌角上的死活而于2位虎，白3打至白11位立下止，已活净。由于白A和B没交换，黑12大致如此，但白在13位整形后已安然逃脱，不用担心被杀。

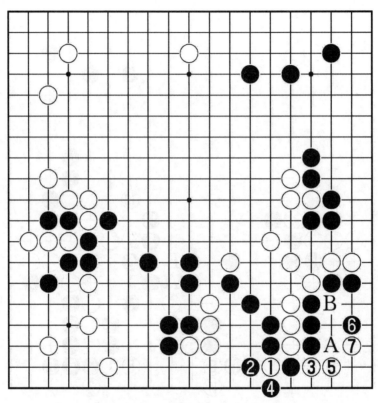

图 3-75

（图3-75）对白1断，黑2打吃，白3切断当然。白5长后，黑大致只有在6位守，至白7尖顶，黑杀气显然不够。

之后，A和B两点白必得其一，黑也不行。

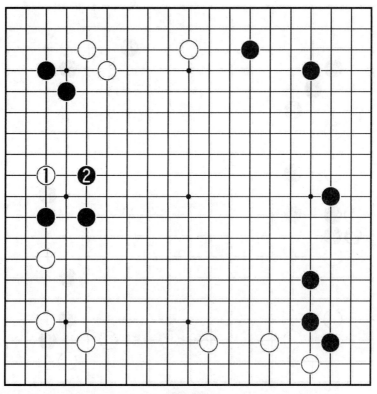

图 3-76

（图3-76）对白1打入，黑意识到封锁是上策，所以会在2位跳封。
现在白棋应如何腾挪呢？请以完美的顺序走棋。

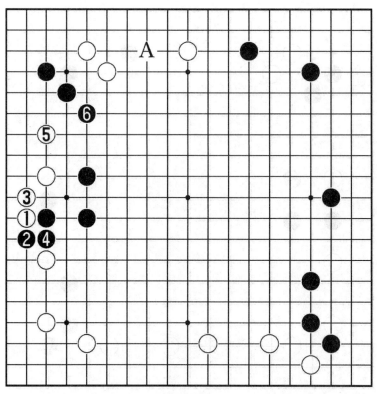

图 3-77

（图3-77）白1托后，再于3位退，是错误的下法。也许大多数读者都这样下过。

白5拆，黑6尖后，白在边上虽可做活，但必将让黑棋走厚，这样黑A位打入很严厉，白失败。

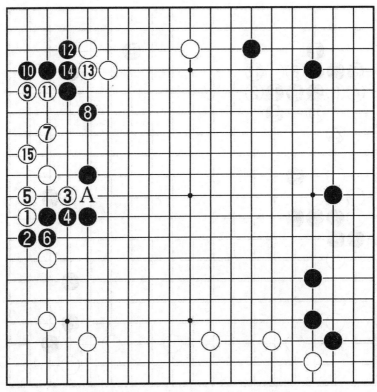

图 3-78

（图3-78）白1托，黑2扳时，白3先刺是巧妙的次序。

黑被迫于4位贴，然后再于5位退。以下至白15虎，已成活。由于留有A位冲出的余味，白充分可下。

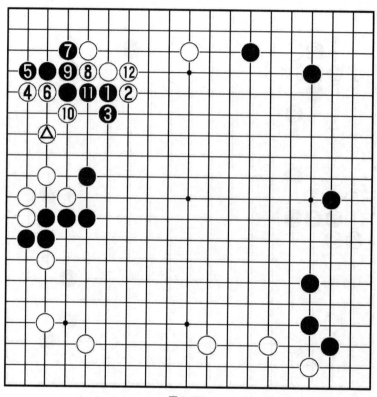

图 3-79

（图3-79）白△拆时，黑1靠，白2先扳，然后白4至白10无懈可击。获得先手后，白再于12位粘，也充分可下。

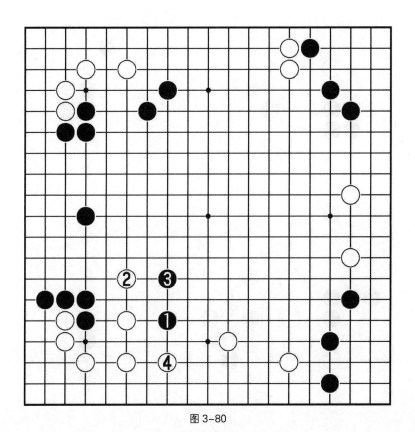

图 3-80

（图3-80）黑1从上方侵消。白2关时，黑3也关。其后，白占4位守下边。但是，实际上这个白4走得太轻率了。

对于黑来说，现在黑有冲击白棋的手筋。

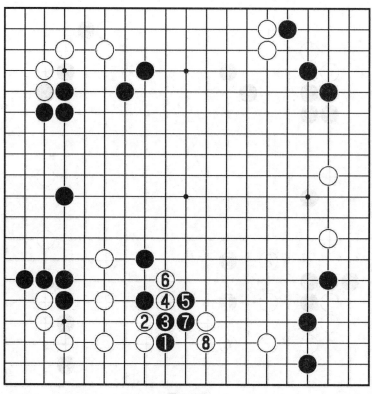

图 3-81

　　（图3-81）如果不知道这个棋形的手筋，黑1靠下，企图侵入白空，但明显过分。

　　白2、4顶断，严厉，以下至白8立下，黑棋作战毫无把握。

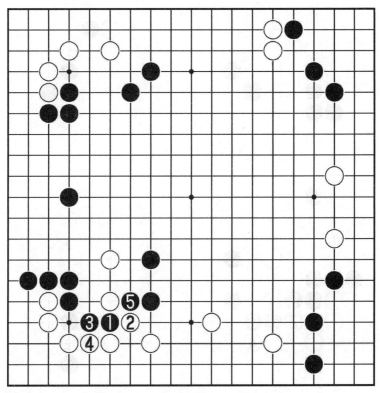

图 3-82

（图3-82）"左右同形走中间"是有名的格言。此时此刻，正应此言。

黑1挖是巧妙的手筋，此手相当严厉。如果白在2位打，则黑3长。为了防止黑冲下的手段，白4只能粘，但黑5断后，白两子被断开，黑大获成功。

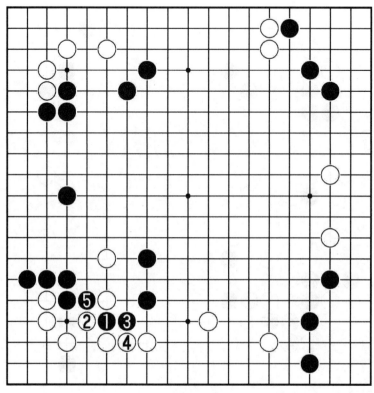

图 3-83

（图3-83）对黑1挖，白2打，黑3也同样可以长出。

之后，白4冲出和5位断两点必得其一，白已难以应对。以下至黑5

断，与前图结果大同小异。

第三章　中盘攻防的技巧

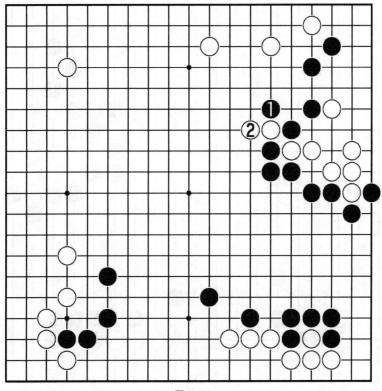

图 3-84

（图3-84）黑1打吃，白2长。白棋认为右边是可以做活的，所以才大胆长出。

但是，实际上黑有严厉的手筋，可以将白置于死地。

345

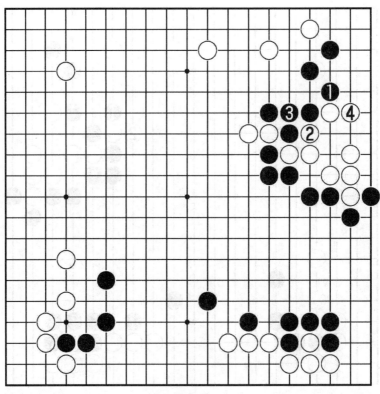

图 3-85

（图3-85）黑若于1位随手虎，这是无谋的一手。

白2打是先手，然后可在4位立，黑不可能吃白，这正是白所期望的
结果。

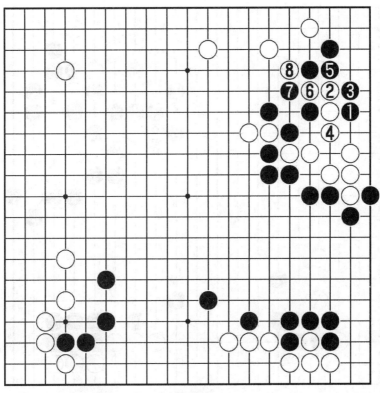

图 3-86

（图3-86）黑1夹是强手，具有意想不到的杀伤力。

白2冲出，再于4位退是最强的抵抗手段，黑5团，必然。白6、8只好冲断，希望与黑进行对杀。

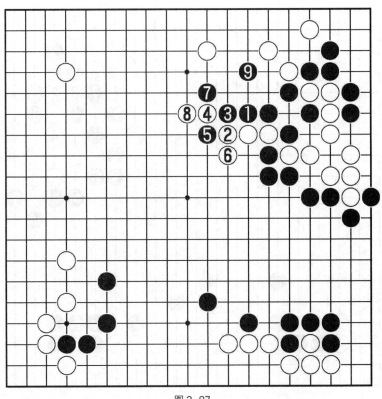

图 3-87

（图3-87）接前图。黑1、3向外冲出是必然的下法。

白4扳时，黑5先断，再在7位打是正确的次序，然后于9位跳。至此，白无论如何也挡不住两边，右边的棋自然被吃掉。

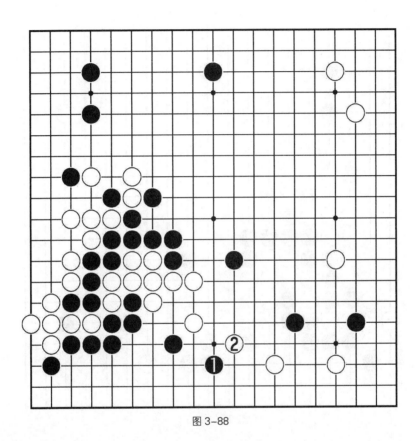

图 3-88

　　（图3-88）黑1飞，白2强行飞封是无理手，因为白的棋形有很多缺陷。

　　针对白的无理手，黑从何处着手好呢？

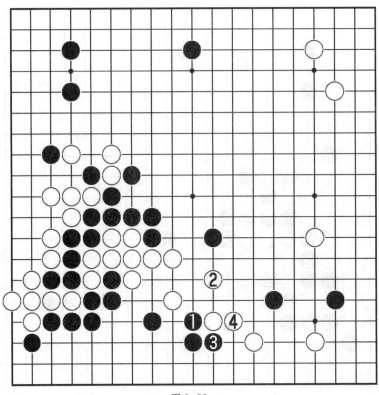

图 3-89

　　（图3-89）黑1冲是大俗手。白2跳是轻灵的一手，黑3曲，白4长后，白全体连通变厚，而黑棋右边两子却变薄，黑显然失败。

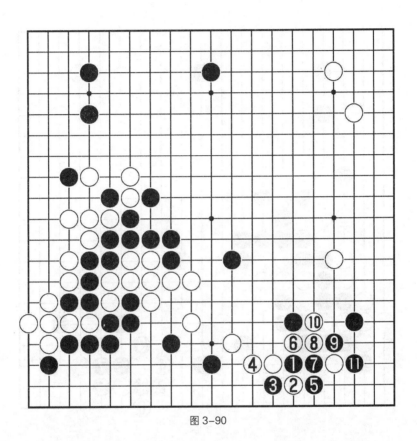

图 3-90

（图3-90）黑1、3靠断，是攻击的手筋。白4若退，黑5打必然，以下至黑11大致如此。黑在角上获得的实空太大，黑满足。

假如白进行抵抗，其结果更坏。

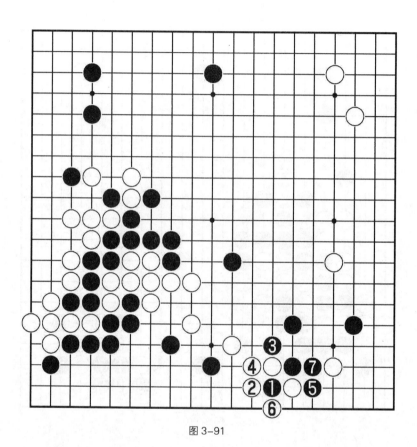

图 3-91

　　（图3-91）对黑1断，白2打吃。则黑3先手得利后，再于5、7位打

粘，黑在角上仍获得很大的实空，还是黑好。

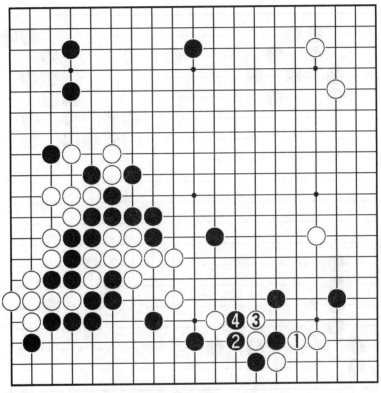

图 3-92

（图3-92）白在1位打是无理手。

黑2反打是严厉的手段，白3长时，黑4顺势冲出。至此，白难以两全，显然大崩溃。

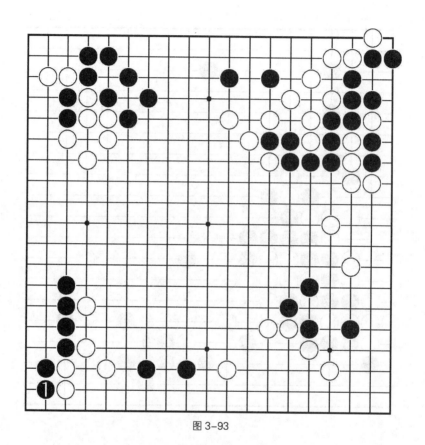

图 3-93

（图3-93）黑1挡，是双方的要点，白当然要应一着。

但是，白在补棋时，走在哪里是棋形的要点呢？

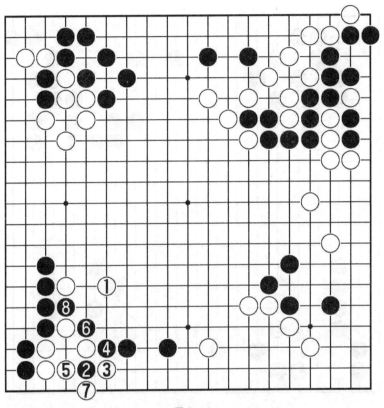

图 3-94

（图3-94）白1关，似乎很像好形，但实非正着。现在产生出黑2托的巧妙手筋，白眼位被破。之后，白如3位扳，则黑4断，以下至黑8止，黑将白棋上下分断，十分有力，白失败。

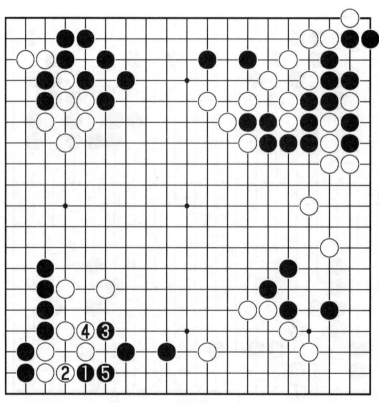

图 3-95

（图3-95）对黑1托，白2顶，则黑3先刺是绝好的次序。

白4团，黑5退回后，白不但形成愚形，而且整体处于无眼状态，白仍失败。

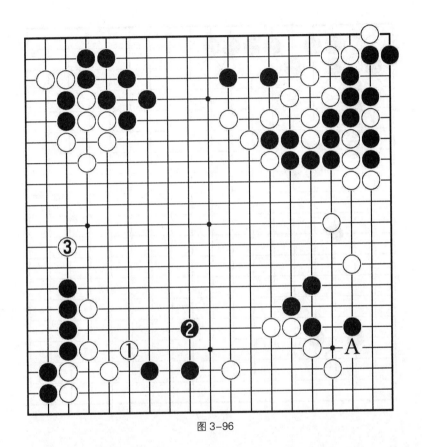

图 3-96

（图3-96）白1尖，是此形的唯一要点。这样白棋有充分的眼形。

即使黑2跳，白也不用担心被攻，所以白可在3位拦，也可在右下角A位尖。总之，白可以自由地占其他大场。

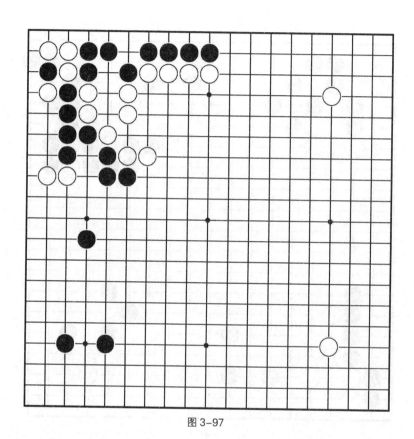

图 3-97

（图3-97）现在，白棋必须要注意的是左上角的生死问题。

如果不活，则要加补一手，但单纯地做活对大局肯定会有影响。因此，请读者算清楚各种变化。

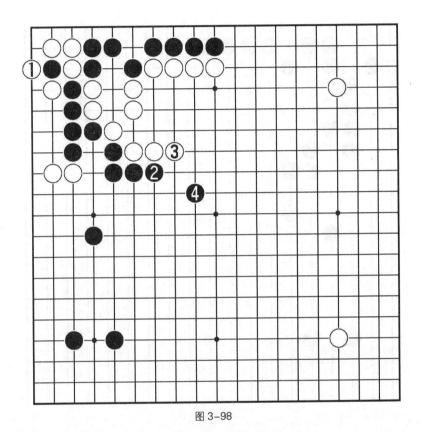

图 3-98

（图3-98）白1如单纯做活，是无谋的一手。

黑2压，是双方势力消长的绝好点。白3长，黑4飞后，白大局显然落后。

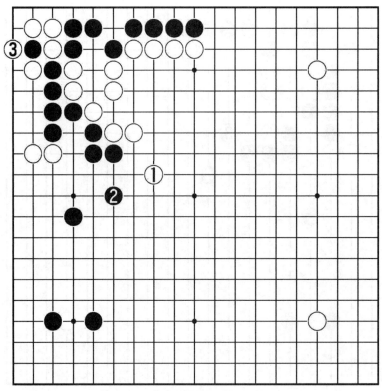

图 3-99

（图3-99）白1飞是要点，不但对中央及右边的模样有极大作用，同时也对角上有辅助作用。黑2跳补后，白再于3位提一子做活是绝好的次序。这个结果，白充分可下。

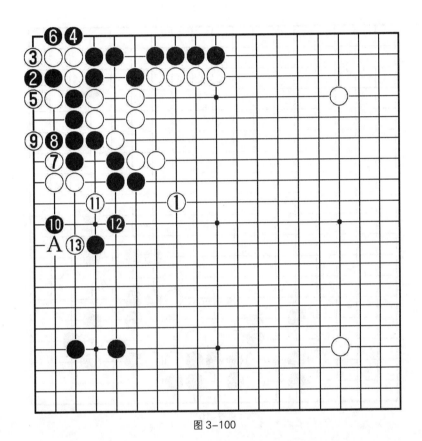

图 3-100

（图3-100）白1飞时，黑如2位立，强行吃白如何？

白3挡必然，以下至白9大致如此。黑如10位强吃，则白11、黑12时，白13跨出，黑无法吃白。黑10如于12位连接，则白A位跳，白仍可简单做活。

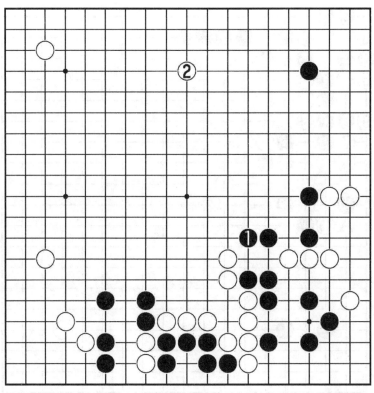

图 3-101

（图3-101）黑1双，其后的目标是下边的白棋。但是，白似乎没看到这严峻的局势，而去占2位大场。

求之不得的进攻良机来了，黑攻击的手筋在哪里呢?

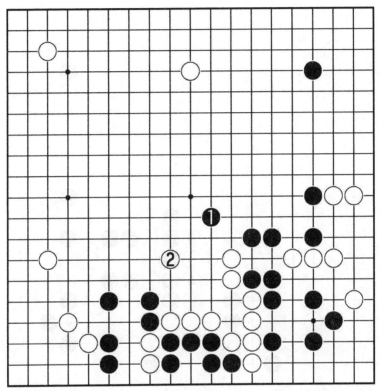

图 3-102

（图3-102）黑1飞，是缺乏力量的下法，对白丝毫没有压力。

白2跳补后，不但棋形舒展，而且黑已无攻击的好手段，白形十分

充分。

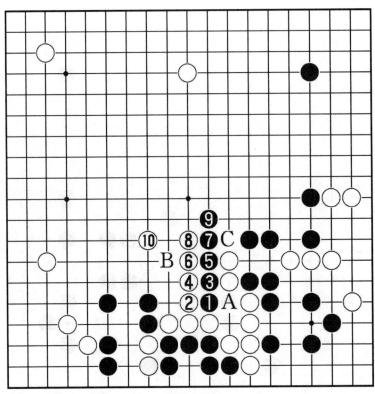

图 3-103

（图3-103）黑1靠是严厉的攻击手筋，正击中白的要害。

白2只能以愚形贴出，以下至白10跳出大致如此，白棋形极差。以后黑A位先手断吃两子颇为舒服。

白4若走B位飞，则黑5贴、白7、黑C断，白不行。

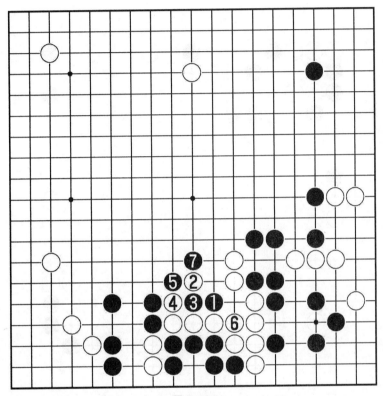

图 3–104

（图3-104）对黑1，白2跳封，黑3、5冲断，然后再于7位打舍弃两子是好手。这样，白棋显然不行。

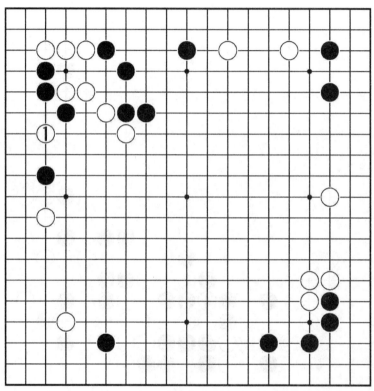

图 3-105

（图3-105）白1强行打入。这里黑必须慎重行棋，否则将遭到致命的攻击。要想出一种与其说是死里逃生，不如说是巧妙舍弃、封紧外围的走法。

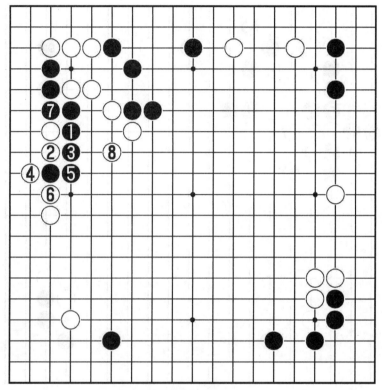

图 3-106

（图3-106）黑1压，是单纯乏味的一手

白2、4可简单扳渡，以下至白8虎。白不但获得实利，而且还可对黑进行攻击，这是白当初所期望的结果，黑失败。

黑1若在7位粘，则白在2位顶，黑也不行。

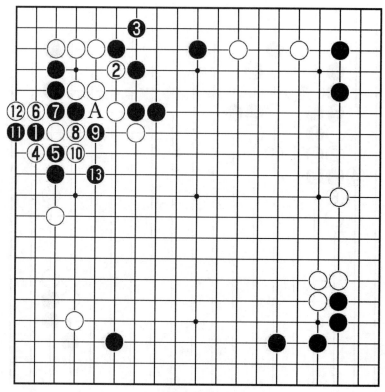

图 3-107

（图3-107）在此形中，黑1托是常用的手筋。

白2先挤是防断的手法。白4扳下，黑5至黑11的次序是关键，白12打
吃时，黑13枷是一连串的必然之着。

白2若不和黑交换，黑11可在A位接，白难办。

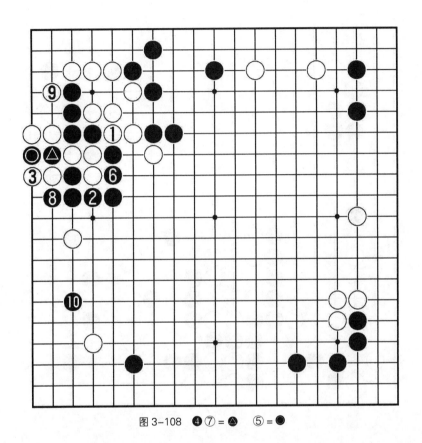

图 3-108　❹⑦=△　⑤=●

（图3-108）接前图。白1断，黑2吃、黑4扑是必然的下法。

以下至白7粘势成必然，黑通过弃子获得可观的外势。黑8先手挡后，再于10位挂角后成"双飞燕"，黑充分。

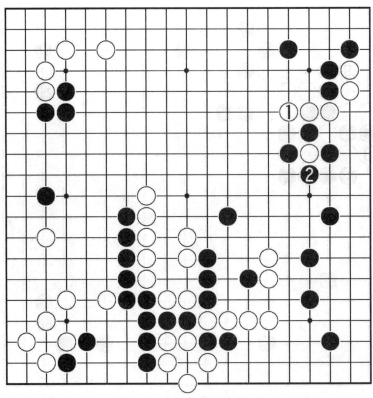

图 3-109

（图3-109）白1长出，黑2提一子必然。

现在，白如何处理好上边一块棋？只要能发现手筋，就能顺利解决问题。

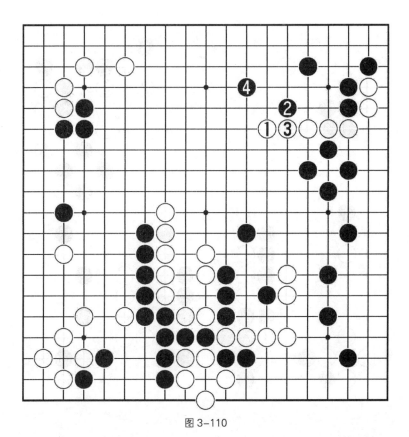

图 3-110

（图3-110）白1跳，是平凡而乏味的一手，这种单纯的逃跳，肯定是不会有好结果的。

黑2先刺，让白3接，变得更重，然后再于4位飞，白成苦战局面。

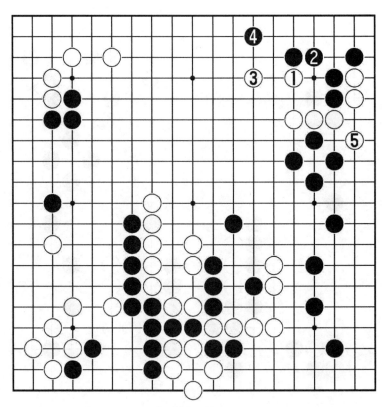

图 3-111

（图3-111）白1靠，是轻灵巧妙的腾挪手筋。这里也正是黑的要害，所以黑无可奈何。

黑2退是正确的下法，白3跳，轻巧。当黑4飞时，白5尖是眼位要点。至此，白基本获得安定。

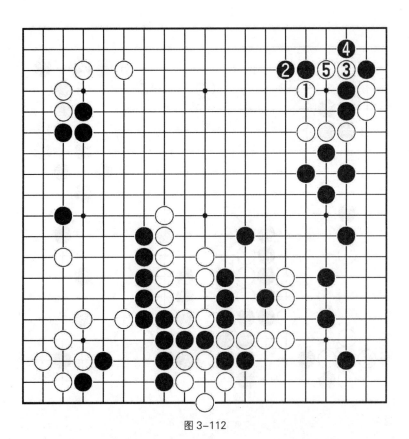

图 3-112

（图3-112）黑无论多么遗憾，对白1靠，也不能在2位长。

否则，白3毫不留情地断，黑一子或两子被吃成见合。至白5吃掉黑两子，黑失败。

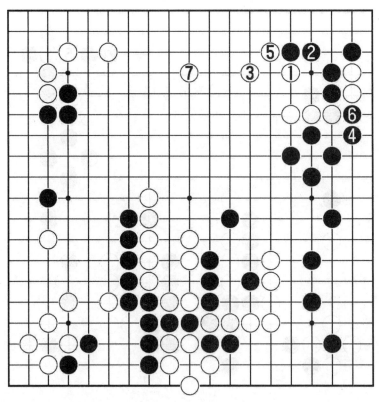

图 3-113

（图3-113）当白3跳时，黑若先4位刺，白不粘而于5位虎是关键。

以下至白7拆，黑虽吃掉白两子，白获得转身可满足。

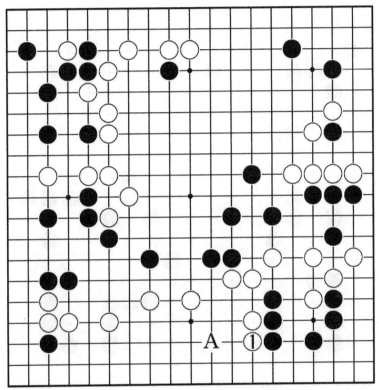

图 3-114

（图3-114）下边的白1挡，是一步大失着。企图把下边空全部围
住，这未免太一厢情愿了。

实际白1于A位围是正着。如此，下边的白棋就基本上无隙可击。

那么，黑从哪里着手好呢?

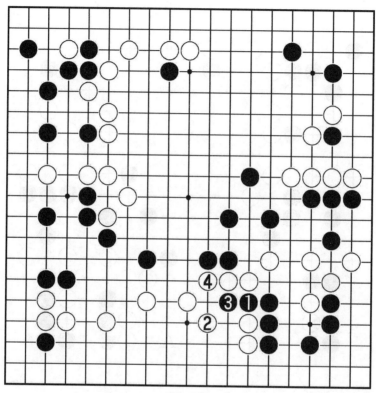

图 3-115

（图3-115）黑1冲，是无谋的大俗手。这种无关痛痒的棋应尽量避免。

白2跳，好手，黑3再冲，白4长出后，黑无计可施，显然失败。

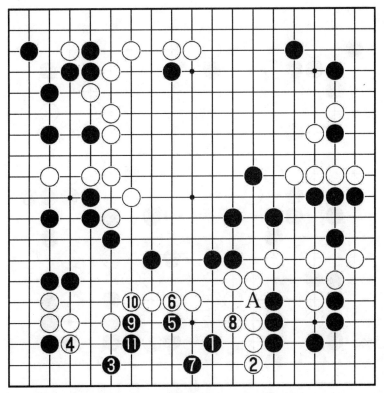

图 3-116

（图3-116）黑1点是此形的急所，这一子是不会轻易被吃的。

白2立下是最强的抵抗，黑3又是好手。白4挡不得已，否则黑占到4位就可轻松成活。黑5、7先手利后，以下至黑11止，黑大块棋在白空中成净活，显然大获成功。

白8不补不行，因为黑有A位冲的手段。

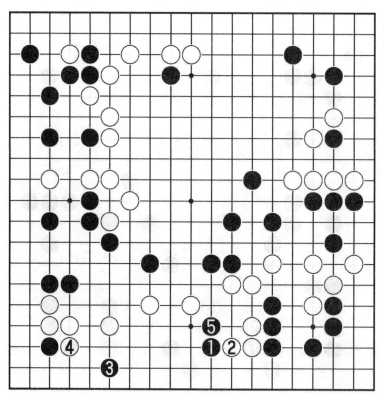

图 3-117

（图3-117）对黑1点，白如2位笨顶如何？

黑3先手利后，再于5位长出，白将难以应对，大空仍然被破。

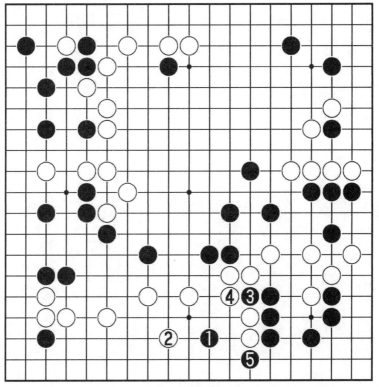

图 3-118

（图3-118）黑1点时，白2反夹，也许能在左下多少成点空。

黑3冲后，再于5位扳，即可同右下黑棋取得联络，黑优势一目了然。